财政部“十三五”规划教材

Basic Accounting
Simulated Training Course

基础会计模拟实训教程

董 普 主编

中国财经出版传媒集团
经济科学出版社
Economic Science Press

图书在版编目（CIP）数据

基础会计模拟实训教程/董普主编．—北京：经济科学出版社，2019.1
财政部“十三五”规划教材
ISBN 978－7－5141－8907－0

Ⅰ.①基…　Ⅱ.①董…　Ⅲ.①会计学－高等学校－教材　Ⅳ.①F230

中国版本图书馆 CIP 数据核字（2017）第 321474 号

责任编辑：杜　鹏　张　燕
责任校对：郑淑艳
责任印制：邱　天

基础会计模拟实训教程
董　普　主编
经济科学出版社出版、发行　新华书店经销
社址：北京市海淀区阜成路甲 28 号　邮编：100142
编辑部电话：010－88191441　发行部电话：010－88191522
网址：www.esp.com.cn
电子邮件：esp_bj@163.com
天猫网店：经济科学出版社旗舰店
网址：http：//jjkxcbs.tmall.com
北京鑫海金澳胶印有限公司印装
787×1092　16 开　22 印张　260000 字
2019 年 1 月第 1 版　2019 年 1 月第 1 次印刷
ISBN 978－7－5141－8907－0　定价：39.00 元
（图书出现印装问题，本社负责调换。电话：010－88191510）

前　言

INTRODUCTION

本教材是基础会计实践性教学环节用书，目的是使学生巩固其所学的会计理论知识并提高其实际操作技能。适用对象为高校财经类学生和社会上希望了解并掌握会计实务的人员。

本教材具有以下突出特点：

1. 依据新《企业会计准则》撰写。本教材依据《企业会计准则》《企业会计准则——应用指南》等规定，介绍了编制一套全新、分步分阶段模拟会计实务的操作方法。

2. 创新构建了会计实务的新体例。本教材以模拟企业真实会计业务流程为目标，构建了形式独特、新颖分阶段模拟的会计实务新方法，打破了以往一套大账做下来，学生印象中只是忙于手工操作，而对于会计实务流程印象模糊、各项具体技能不清不牢的局面，使学生通过系统分阶段练习，达到对企业会计实务每部分工作“拿来上手，看来上心”的效果。

3. 经济业务全面、典型、实用。本教材以制造业企业为例，设计了 12 个月近 80 笔典型业务，涵盖了一般企业主要的日常经济业务和特殊交易事项业务，并且分会计实务操作阶段设计，具有典型性和实用性。

通过各阶段实验，要求学生做到：一会审核原始凭证；二会编制记账凭证，能够依据审核无误的原始凭证或原始凭证汇总表编制收、付、转记账凭证，并能根据审核无误的记账凭证编制汇总记账凭证；三会记账，能够依据审核无误的记账凭证及其所附的原始凭证登记现金日记账、银行存款日记账和各种明细账，依据审核无误的记账凭证、汇总记账凭证或科目汇总表，登记总分类账，并能对账、账项调整、结账、编制科目汇总表，掌握错账的更正方法、学会编制试算平衡表及银行存款余额调节表的编制方法；四会编制会计报表，能够依据账簿资料编制资产负债表及利润表。

本教材由董普担任总编，制定编写大纲、总纂、修改和定稿工作；副主编张威和林娟、史新华、贾冬冬、王利芬分别担任其中第二部分的编写。

在编写过程中，滕宇、董俭、刘淑英、于洋、秦玉霞、王伶、成慧君、王琳、刘梦琪、祖元、魏宁、马良、宋娟、张万乔、张胜兰、王凯都参与其中的资料收集整理工作。我们吸收了会计理论的最新成果，参阅和借鉴了同类教材和相关文献，汲取了会计专家的意见和建议，并得到出版社的大力支持，在此一并致以诚挚的谢意。限于作者水平，本书难免有不妥之处，敬请读者批评指正，以便及时修改。

编者

2018 年 10 月

目 录
CONTENTS

第一部分　基础会计模拟实验绪论

一、基础会计模拟实验的目标

基础会计模拟实验，其宗旨主要通过仿真企业会计实务对学生进行分段和综合会计核算的模拟训练，培养学生建立起会计实操观，提高学生会计执业胜任能力。具体内容就是使学生初步掌握填制和审核各种原始凭证，编制和审核记账凭证，编制科目汇总表，学会现金、银行存款日记账、各种明细账和总账的登记方法，掌握错账的更正方法、学会编制试算平衡表及银行存款余额调节表的编制方法，资产负债表和利润表，为学生今后从事会计工作，迅速适应岗位要求打下坚实基础。

（一）基础会计模拟实验的目标

1. 夯实学习内容，提高会计业务操作技能

通过各项实验，要求学生做到：一会审核原始凭证，对反映每一笔经济业务的各种原始凭证，都能按现行会计制度的规定和相关经济法规进行认真审核，对于合规的与不合规的、完备的与不完备的各种原始凭证能够进行相应的处理；二会编制记账凭证，能够依据审核无误的原始凭证或原始凭证汇总表编制收、付、转记账凭证，并能根据审核无误的记账凭证编制汇总记账凭证；三会记账，能够依据审核无误的记账凭证及其所附的原始凭证登记现金日记账、银行存款日记账和各种明细账，依据审核无误的记账凭证、汇总记账凭证或科目汇总表，登记总分类账，并能对账、账项调整、结账或更正错账；四会编制会计报表，能够依据账簿资料编制资产负债表及利润表。

2. 深化理解会计专业，缩短与会计实务的距离

在基本掌握会计核算中证、账、表的编制技能和审核方法的基础上，再对照理论教材的学习，坚持把所学的会计基本原理和基本技术方法与会计具体核算操作的实验结合起来，坚持理论联系实际，从而加深对会计专业的认识，提高对所学专业的兴趣，为进一步学习后续会计专业课程打下坚实的理论和实践基础。

（二）基础会计模拟实验的任务

1. 通过基础会计模拟实验，进一步巩固课堂所学的理论知识

在实验中，要将理论课所讲的内容与实际操作进行对照，弄清模拟实验资料中全部经济业务的会计处理，有关数字的来龙去脉和相互关系，以及完整的核算过程和操作方法。

2. 通过实验操作，提高实际工作能力

在实验中，为学生配备齐企业会计部门所用的各种凭证、账簿和报表，学生要按要求亲自动手完成各项工作，提高实际操作能力。

二、基础会计模拟实验的内容

基础会计模拟实验由十二项实验组成，具体包括以下内容。

（一）单项实验

1）原始凭证的填制。
2）原始凭证的审核。
3）记账凭证的填制。
4）记账凭证的审核。
5）日记账、明细账、总账的登记。
6）错账的更正。
7）银行存款余额调节表的编制。
8）对账、结账和试算平衡表的编制。
9）资产负债表、利润表的编制。

（二）综合实验

1）模拟建账。
2）记账凭证账务处理程序。
3）科目汇总表账务处理程序。
全部完成基础会计模拟实验的学习需 60～80 学时。

三、基础会计模拟实验的要求

进行会计模拟实验时，一般应遵循以下几点要求。

1. 以企业实际发生的经济业务为模拟实验的内容

在企业的经济活动中，各核算单位的情况千差万别，经济业务纷繁复杂，不可能把企业的经济业务都列入模拟实验的内容之中，只能选择其中具有代表性的基本经济业务为模拟实验的内容，通过对这些经济业务的账务处理，掌握处理经济业务的基本操作方法。

2. 以企业实际财务部门使用的证、账、表为模拟实验用品

按照企业实际会计部门组织会计核算的程序、方法和所使用的证、账、表为模拟实验用品来组织会计模拟实验，以增强模拟实验的真实性，让学生获得感性认识，扩大视野，开拓思路，作为形成科学概念的账务基础。实验时一律使用统一格式的凭证、账簿、报表，凭证、账簿以及报表的项目要按有关规定填写清楚、完整。

3. 以现行的会计法规、准则、制度、规定为依据，进行会计事项的处理

模拟实验操作等同于实际工作，在实验中对每一项经济业务的处理，都要依

据会计核算程序及有关规章制度进行，依据审核无误的原始凭证或原始凭证汇总表认真填制会计凭证，登记会计账簿以及编制会计报表。

4. 按照标准、规范的格式进行文字、数字的书写

会计工作对文字和数字书写的基本要求是：简明扼要、正确、整洁、清楚、规范、清晰。书写有错误时，应按规定方法改正，不得任意涂改、刮擦和挖补，改正之后须在改写的地方加盖自己的印章。除按规定必须用红墨水笔外，所有文字、数字都应使用黑（蓝黑）墨水笔书写（填写现金支票、转账支票必须使用黑色墨水笔或签字笔）；不准使用铅笔和圆珠笔进行填写（复写凭证除外）。在进行数字计算时，计算过程保留小数点后 4 位，计算结果保留小数点后 2 位（分位为止）。凡分配额指标，最后一个指标用减法计算。

5. 严格按实验程序进行操作

搞清每个模拟实验的目标和要求；认真思考理解题意及实验步骤和程序后再动手操作，并严格按照要求和程序进行：要按规定的时间，完成模拟实验训练的全部任务；认真履行工作职责，遵守会计职业道德：做完后要认真检查，防止遗漏和错误。

6. 做好会计档案的装订和保管工作

会计凭证、账簿、报表是重要的会计档案，它是记录和反映企业经济业务的史料和凭据，各单位在完成经济业务手续和记账手续后，必须按照规定的归档制度，形成会计档案，妥善保管。

此外，每次实验均要求学生认真按规定填写“实验报告单”，全部实验需在会计实操实验室进行。

四、基础会计模拟实验的程序与步骤

会计模拟实验的方法就是完成会计模拟实验的任务，达到会计模拟实验目标的一种手段，具体包括以下几方面内容：

1）明确模拟实验的具体目标和要求。

2）审查和分析所要实验的经济业务的内容、性质和类别。

3）根据审核无误的各种原始凭证或汇总原始凭证编制记账凭证。

4）根据审核无误的收、付款凭证逐日逐笔登记现金、银行存款日记账。

5）根据审核无误的记账凭证及所附原始凭证登记各种明细分类账。

6）根据审核无误的记账凭证、科目汇总表或汇总记账凭证登记总分类账。

7）调整有关账项，对账；根据账簿记录编制发生额及余额试算平衡表，结账。

8）根据总分类账和明细分类账账簿记录编制会计报表。

9）会计凭证的装订与保管。

五、有关考核参考建议

基础会计模拟实验作为实践教学课程，是会计专业学生的必修课，实验成绩单独考核。实验成绩由实验指导老师根据学生完成各项实验的情况给出。

对各考评指标的具体实验设计如下。

1. 记账凭证

1）年、月、日及编号是否齐全、连续。

2）是否标明了附件张数。

3）同号分页记账凭证是否采用分数编号法按 1/n，2/n，3/n……编号。

4）“制单”“记账”“审批”处是否填写有经办人员的姓名。

5）记账后是否标有记账符号“V”。

6）明细会计科目是否完整、正确。

7）一张记账凭证上不许有两处更改或错误。

2. 账簿

1）上年结转数是否盖有“上年结转”印章以及标明余额的方向。

2）月计、累计是否正确。

3）余额表示位置是否正确。

4）数量金额式账户是否有数量记录。

5）结转下年是否正确。

6）一张账页上不允许有四处更改。

3. 报表

1）整洁，不可以出现刮、擦、挖、补、涂的数字。

2）正确，每个项目计算准确无误。

六、模拟企业基本概况

模拟企业基本概况如表 1－1 所示。

表 1－1　　模拟企业基本概况

企业名称：西飞机械制造有限责任公司
开户银行：中国工商银行北京市分行西坝河分理处 01093378911
账　　号：01093378911
联系电话：62500188
地　　址：北京市开发区 228 号
邮　　编：102100
税务登记号：11006005566099
计算机代码：19147770
法人代表：李蒲　　财务主管：王之　　会计：马虹　　出纳员：红英

西飞机械制造有限责任公司2018年12月初有关账户的期初余额如表1－2～表1－9所示（以下资料在登记账簿时及以后各阶段使用）。

1）账户期初余额表。具体如表1－2所示。

表1－2　　账户期初余额表　　单位：元

科目名称		方向	期初余额	科目名称		方向	期初余额
总账	明细账			总账	明细账		
现金		借	7 000.00	短期借款		贷	36 000.00
银行存款		借	301 174.50	应付票据		贷	55 000.00
其他货币资金		借	244 500.00		北胜公司	贷	8 200.00
	存出投资款	借	244 500.00		世纪公司	贷	46 800.00
交易性金融资产		借	6 000.00	应付账款		贷	40 000.00
	债券投资	借	6 000.00		永和公司	贷	14 000.00
应收票据		借	30 000.00		利民公司	贷	26 000.00
	美佳公司	借	20 000.00	预收账款		贷	60 200.00
	芙蓉公司	借	10 000.00		五倍发展	贷	50 200.00
应收账款		借	135 000.00		祥和科技	贷	10 000.00
	华光公司	借	131 490.00	应付福利费		贷	35 000.00
	酒茜公司	借	3 510.00	应交税费		贷	110 074.00
坏账准备		借	675.00		未交增值税	贷	30 000.00
预付账款			54 000.00		应交城建税		2 100.00
	希科公司	借	34 000.00				
	华富公司	借	20 000.00		应交个人所得税	贷	7 325.00
其他应收款		借	15 010.00		应交所得税	贷	70 649.00
	刘东	借	1 200.00		应交教育费附加	贷	900.00
	王静	借	4 800.00	应付利息		贷	3 292.00
原材料		借	235 000.00		修理费用	贷	2 513.00
原料及主要材料		借	235 000.00		利息费用	贷	779.00
	A材料	借	140 000.00	其他应付款		贷	3 500.00
	B材料	借	95 000.00		张英	贷	1 400
周转材料	包装物	借	6 200.00		存入保证金	贷	2 100.00
	低值易耗品	借	5 655.00				
库存商品		借	210 000.00				
分期收款发出商品		借	132 873.00	长期借款		贷	4 958 200.00
	甲产品	借	132 873.00		经营借款004#	贷	555 200.00
材料成本差异		借	－2 773.50	基础建设借款		贷	4 403 000.00
	原材料差异	借	－2 773.50		生产线002#	贷	4 200 000.00

续表

科目名称		方向	期初余额	科目名称		方向	期初余额
总账	明细账			总账	明细账		
					厂房扩建003#	贷	203 000.00
						贷	
				股本		贷	4 820 000.00
					东方公司	贷	2 651 000.00
					信达公司	贷	1 025 000.00
长期股权投资		借	100 000.00		北方公司	贷	964 000.00
其他股权投资		借	100 000.00	资本公积		贷	273 150.00
	环宇集团	借	100 000.00		资本溢价	贷	273 150.00
固定资产		借	11 201 000.00	盈余公积		贷	48 775.00
	生产经营用	借	7 160 000.00		法定盈余公积	贷	32 517.00
	非生产经营用	借	4 041 000.00		法定公益金	贷	16 258.00
累计折旧		借	2 230 500.00	本年利润		贷	500 000.00
在建工程		借	175 000.00	利润分配		贷	
出包工程		借	175 000.00		未分配利润	贷	
	产房扩建	借	175 000.00	生产成本		贷	
无形资产		借	130 000.00	基本生产成本		贷	190 000.00
	001 专利权	借	30 000.00		甲产品	贷	100 000.00
	002 专利权	借	100 000.00		乙产品	贷	90 000.00

2）“生产成本——基本生产成本”明细账期初余额。具体如表 1-3 所示。

表 1-3　“生产成本——基本生产成本”明细账期初余额

产品名称	数量（箱）	成本项目（元）			合计（元）
		直接材料	直接人工	制作费用	
甲产品	80	35 000	53 000	12 000	100 000
乙产品	120	34 000	46 000	10 000	90 000
合计		69 000	99 000	22 000	190 000

3）“产成品”明细账期初余额。具体如表 1-4 所示。

表 1-4　“产成品”明细账期初余额

产品名称	数量（箱）	总成本（元）	单位成本（元）
甲产品	55	121 800	2 214.55
乙产品	60	88 200	1 470
合计		210 000	

4）“分期收款发出商品”明细账期初余额。具体如表 1 – 5 所示。

表 1 – 5　**“分期收款发出商品”明细账期初余额**

产品名称	数量（箱）	总成本（元）	单位成本（元）
甲产品	60	132 873	2 214.55
合计	60	132 873	2 214.55

5）“原材料”明细账期初余额。具体如表 1 – 6 所示。

表 1 – 6　**“原材料”明细账期初余额**

材料名称	材料编号	计量单位	数量	计划单价	金额
A 材料	K150	千克	2 000	70	140 000
B 材料	M137	千克	1 900	50	95 000
合计					235 000

6）“低值易耗品”明细账期初余额。具体如表 1 – 7 所示。

表 1 – 7　**“低值易耗品”“包装物”明细账期初余额**

名称	编号	计量单位	数量	单价	金额
工作服	K160	套	39	145	5 655.00
包装箱		个	50	124	6 200.00
合计					11 855.00

7）本月产品投产及完工情况。具体如表 1 – 8 所示。

表 1 – 8　**本月产品投产及完工情况**　单位：箱

产品名称	本月投入数量	本月完工数量	月末在产品数量
甲产品	60	80	60
乙产品	150	160	110

8）单位原材料消耗定额材料。具体如表 1 – 9 所示。

表 1 – 9　**单位原材料消耗定额**

产品类别	计量单位	消耗 A 材料单位定额	消耗 B 材料单位定额
甲产品	千克	12	5
乙产品	千克	7	4

第二部分　基础会计分段模拟实验部分

实验设计一 原始凭证的填制

一、实验设计目标

原始凭证的填制是会计工作的初始环节，本项实验设计使学生明确原始凭证应具备的基本要素，熟悉会计工作中常用原始凭证的格式、内容及其用途，掌握原始凭证的填制方法。

二、实验设计指南（特别提示）

（一）原始凭证的基本要求

1）原始凭证的内容必须具备：凭证的名称、填制凭证的日期、填制凭证单位名称或者填制人姓名、经办人员的签名或者盖章、接受凭证单位名称、经济业务内容，数量、单价和金额。

2）从外单位取得的原始凭证，必须盖有填制单位的公章；从个人取得的原始凭证，有填制人员的签名或者盖章。自制原始凭证必须有经办单位领导人或者其指定的人员签名或者盖章。对外开出的原始凭证，必须加盖本单位公章。

3）凡填有大写和小写金额的原始凭证，大写与小写金额必须相符。购买实物的原始凭证，必须有验收证明。支付款项的原始凭证必须有收款单位和收款人的收款证明。

4）一式几联的原始凭证，应当注明各联的用途，只能以一联作为报销凭证。一式几联的发票和收据，必须用双面复写纸（发票和收据本身具备复写纸功能的除外）套写，并连续编号。作废时应当加盖“作废”戳记，连同存根一起保存，不得撕毁。

5）发生销货退回的，除填制退货发票外，还必须有退货验收证明；退款时，必须取得对方的收款收据或者汇款银行的凭证，不得以退货发票代替收据。

6）职工公出借款凭据，必须附在记账凭证之后。收回借款时，应当另开收据或者退还借据副本，不得退还原借款收据。

7）经上级有关部门批准的经济业务，应当将批准文件作为原始凭证附件。如果批准文件需要单独归档的，应当在凭证上注明批准机关名称、日期和文件字号。

8）原始凭证不得涂改、挖补。发现原始凭证有错误的，应当由开出单位重开或者更正，更正处应当加盖开出单位的公章。

9）会计机构、会计人员要根据审核无误的原始凭证填制记账凭证。

（二）原始凭证的填制

为了保证会计基础工作和全部会计核算的质量，真实、准确、及时地反映和记录经济业务的内容，在原始凭证填制过程中应遵守下列要求：

1）内容完整。每张原始凭证的内容必须逐项填写齐全。例如，原始凭证的名称，接受凭证的单位，凭证的日期，经济业务的内容、数量、全额，填制人及有关的印鉴等。外币要注明货币单位。

2）记录真实。凭证必须如实地记载所发生的经济业务，不得伪造、乱编原始凭证。

3）填制及时。每项经济业务的部门或人员必须及时填制有关原始凭证。

4）填写的有关规定。要求使用蓝、黑墨水笔，用钢笔或特殊书写笔书写，文字应清楚、工整、易于辨认。按国家公布的标准汉字书写，不得臆造文字。经济业务内容应简明扼要，经济业务的数量、单价和金额要按规定填写，金额数字不得随笔连写，空白金额行应加斜线注销，合计金额前要加写人民币符号“¥”，金额计算要准确无误，大小写数字规范，大小写金额保持一致。

5）汉字大写数字金额，如零、壹、贰、叁、肆、伍、陆、柒、捌、玖、拾、佰、仟、万、亿等，一律用正楷或者行书体书写，不得用另、一、二、三、四、五、六、七、八、九、十等简化字代替，不得任意自造简化字。大写金额数字到“元”或者“角”为止的，在“元”或者“角”字之后应当写“整”字或者“正”字；大写金额数字有“分”的，“分”字后面不写“整”或者“正”字。

6）大写金额数字前未印有货币名称的，应当加填货币名称，货币名称与金额数字之间不得留有空白。

7）阿拉伯金额数字中间有“0”时，汉字大写金额要写“零”字；阿拉伯数字金额中间连续有几个“0”时，汉字大写金额中可以只写一个“零”字；阿拉伯金额数字元位是“0”，或者数字中间连续有几个“0”、元位也是“0”但角位不是“0”时，汉字大写金额可以只写一个“零”字，也可以不写“零”字。

三、实验设计

1）熟悉各项经济业务及其背景与经济环境。

2）依据有关法规，根据实验设计资料的要求和提示依次填制各种原始凭证，清楚所填制原始凭证的种类。

四、实验设计用品

支票（现金支票、转账支票）、进账单、借款单、发货票（或增值税专用发票）、领料单、收料单等各种原始单证。

五、实验设计步骤和程序

1）现金支票的填制。
2）转账支票的填制。
3）收据的填制。
4）税收缴款书的填制。
5）差旅费报销单的填制。
6）增值税专用发票的填制。
7）现金存款单的填制。
8）收款进账单的填制。
9）借款单的填制。
10）发料汇总表的填制。
11）制造费用分配表的编制。
12）银行电汇和信汇凭证的填制。

六、实验设计时间

实验设计时间为2学时。

七、实验设计资料

根据以下经济业务，填制有关原始凭证，并对原始凭证的内容和填写情况进行检查；说明各项经济业务应分别填制哪种记账凭证，也要熟悉每项经济业务发生后会取得哪些相对应的原始凭证。

【资料】

以下业务是西飞机械制造有限责任公司子公司紫薇公司发生的业务。

紫薇公司基本概况如表2－1所示。

表 2－1　　　　　　　　　　　　**紫薇公司基本概况**

企业名称：西飞机械制造有限责任公司子公司紫薇公司
开户银行：中国工商银行北京市分行安定门支行（基本存款户）
账　　号：160101040019608
联系电话：82321757
地　　址：北京市中关村科技园区祥元东路 1 号
邮　　编：102100
税务登记号：110229773381052000
计算机代码：19147770
法人代表：赵杰　财务主管：王刚　会计：留留　出纳员：黎苗

主要供应商和客户如表 2－2 所示。

表 2－2　　　　　　　　　　　　**紫薇公司主要供应商和客户**

名称	税务登记号	开户行	账号	地址
天津锋锐钢铁公司	130229566985602	中国工商银行天津市分行长江路办事处	1602346700000	天津市河西区长江路 23 号
北京市摩胜钢铁厂	110229894563211	中国工商银行北京市分行和平里办事处	1016236986000	北京市东城区和平里南口 21 号
北京市南田公司	110267369816000	中国工商银行北京市分行大望路办事处	1166002369246	北京市朝阳区大望路 59 号
北京市景玉公司	110323000531011	中国工商银行北京市分行光明路办事处	1166012996563	北京市石景山区光明路 10 号
上海市宏飞公司	102115668892100	中国工商银行上海市分行南京路支行	1236589000440	上海市南京路 28 号

2018 年 12 月 5 日、30 日，该公司发生下列业务：

1）12 月 5 日，西飞机械制造有限责任公司子公司紫薇公司的投资方南方公司，按照公司关于增资扩股的决议，投入资本金 180 000 元已到位，存入企业银行存款户。南方公司账号为 01020061545，开户银行为中国工商银行劲松支行。进账单如表 2－3～表 2－5 所示。资金往来专用发票如表 2－6 所示。

表 2－3　　　　　　　　**中国工商银行进账单（回　单）**　　　　　　　　1

年　月　日　　　　　　　　第　号

付款人	全　称		收款人	全　称	
	账　号			账　号	
	开户银行	工商银行劲松支行		开户银行	

人民币（大写）	千	百	十	万	千	百	十	元	角	分

票据种类		收款人开户银行盖章
票据张数		
单位主管　会计　复核　记账		

此联是银行给收款人的回单

表 2-4　　　　中国工商银行进账单（贷方凭证）　　　　2

年　月　日　　　　第　号

付款人	全　称		收款人	全　称										
	账　号			账　号										
	开户银行			开户银行										
人民币（大写）					千	百	十	万	千	百	十	元	角	分
票据种类					收款人开户银行盖章									
票据张数														
备注：														

此联由收款人开户银行作贷方凭证

表 2-5　　　　中国工商银行进账单（收账通知）　　　　3

年　月　日　　　　第　号

付款人	全　称		收款人	全　称										
	账　号			账　号										
	开户银行			开户银行										
人民币（大写）					千	百	十	万	千	百	十	元	角	分
票据种类					收款人开户银行盖章									
票据张数														
单位主管　　会计　　复核　　记账														

此联是银行给收款人的收账通知

表 2-6　　　　北京市工商企业资金往来专用发票

№ 079177

客户名称：南方公司　　　　支票号：2631111178　　　　京国税

往来项目	单位	数量	单价	金额										此发票适用范围
				千	百	十	万	千	百	十	元	角	分	
														本发票由在本市的工商企业发生除商品销售，提供加工以外的资金往来时使用。如：预收款、借款等。
小写金额合计					¥	1	8	0	0	0	0	0	0	
大写金额														

开票单位：　　　　开票人：　　　　2018 年 12 月 5 日

2）12 月 5 日，设备科王达去海南采购设备，填制借款单借款 9 000 元。借款单如表 2-7 所示。

表 2-7

借 款 单

年 月 日　　　　单位：元

工作部门			姓名		
借款理由					
借款金额			批准金额		
人民币（大写）				付款方式	
借款人		财务经理		单位领导审批	

3）12 月 5 日，用一张转账支票，支付前欠东方公司的货款 400 405.50 元。转账支票如表 2-8 所示。

表 2-8

中国工商银行
转账支票存根（京）
Ⅵ　Ⅱ　02656888
科　　目 ________
对方科目 ________
出票日期　　年　月　日

收款人 ________
金　额 ________
用　途 ________

单位主管　　　会计

本支票付款期十天

中国工商银行　转账支票（京）　Ⅵ　Ⅱ　02656888
出票日期（大写）　年　月　日　开户行名称：
签发人账号：

收款人：

人民币（大写）	千	百	十	万	千	百	十	元	角	分

用途 ________　　　科目（借）________
上列款项请从我账户内支付　　　对方科目（贷）________
付讫日期　　年　月　日
出票人盖章　　　出纳　　记账　　复核

4）12 月 5 日，公司出纳王薇开出现金支票一张 120 000 元，从银行提取现金，备发工资。现金支票如表 2-9 所示。

表 2-9

中国工商银行
现金支票存根（京）
Ⅵ　Ⅱ　03335689
科　　目 ________
对方科目 ________
出票日期　　年　月　日

收款人 ________
金　额 ________
用　途 ________

单位主管　　　会计

本支票付款期十天

中国工商银行　现金支票（京）　Ⅵ　Ⅱ　03335689
出票日期（大写）　年　月　日　开户行名称：
出票人账号：

收款人：

人民币（大写）	千	百	十	万	千	百	十	元	角	分

用途 ________　　　科目（借）________
上列款项请从我账户内支付　　　对方科目（贷）________
付讫日期　　年　月　日
出票人盖章　　　出纳　　记账　　复核
贴对号单处　Ⅵ　Ⅱ　03335689

5）12 月 5 日，西飞机械制造有限责任公司子公司紫薇公司因购买材料签发期限 6 个月的商业承兑汇票一张，收款人顺昌公司，账号为 1102399765120，开户行农行望京支行，金额 80 100. 38 元。填制商业承兑汇票。商业承总汇票如表 2－10 ~ 表 2－12 所示。

表 2－10 中国工商银行 商业承兑汇票（卡片） 1 汇票号码

出票日期（大写） 年 月 日 第 号

付款人	全　　称		收款人	全　　称	
	账　　号			账　　号	
	开户银行			开户银行	
出票金额	人民币（大写）				千 百 十 万 千 百 十 元 角 分
汇票到期日（大写）			交易合同号码	0454	
出票人签章			备注：		

此联承兑人留存

表 2－11 中国工商银行 商业承兑汇票 2 汇票号码

出票日期（大写） 年 月 日 第 号

付款人	全　　称		收款人	全　　称	
	账　　号			账　　号	
	开户银行			开户银行	
出票金额	人民币（大写）				千 百 十 万 千 百 十 元 角 分
汇票到期日（大写）	年 月 日		交易合同号码	0454	
本汇票已经承兑，到期无条件支付票款 承兑人签章 承兑日期（小写） 年 月 日			本汇票请予以承兑于到期日付款 出票人签章		

此联持票人开户行随委托收款凭证

表 2－12 中国工商银行 商业承兑汇票（存根） 3 汇票号码

出票日期（大写） 年 月 日 第 号

付款人	全　　称		收款人	全　　称	
	账　　号			账　　号	
	开户银行			开户银行	
出票金额	人民币（大写）				千 百 十 万 千 百 十 元 角 分
汇票到期日（大写）	年 月 日		交易合同号码	0454	
备注：					

此联出票人存查

6）12 月 5 日，办公室马宏报销差旅费（起至日期 10 月 28 日 ~11 月 3 日）。火车票 2 张，金额 706 元（北京到杭州的往返车票，每张 353 元）；市内交通补助每大 3 元，共 21 元；住宿单据 4 张，金额 240 元；公出补助每天 25 元，共 175 元。马宏原借款 2 000 元，余款退回，由出纳员开出收据一张。差旅费报销单如表 2－13 所示。收据如表 2－14 ~ 表 2－16 所示。

表 2－13　　**差旅费报销单**

单位名称：　　　　年　月　日　　　　单位：元

<table>
<tr><td rowspan="2">项目</td><td rowspan="2">火车票</td><td rowspan="2">飞机票</td><td rowspan="2">船票</td><td rowspan="2">长途汽车票</td><td rowspan="2">市内交通费</td><td rowspan="2">住宿费</td><td colspan="3">公出补助</td><td rowspan="2">其他</td><td rowspan="2">合计金额</td></tr>
<tr><td>天数</td><td>标准</td><td>金额</td></tr>
<tr><td>数量</td><td></td><td></td><td></td><td></td><td></td><td></td><td></td><td></td><td></td><td></td><td></td></tr>
<tr><td>金额</td><td></td><td></td><td></td><td></td><td></td><td></td><td></td><td></td><td></td><td></td><td></td></tr>
<tr><td colspan="12">合计人民币（大写）：</td></tr>
<tr><td colspan="2">出差人姓名</td><td colspan="2"></td><td colspan="2">出差事由</td><td></td><td colspan="3">所属部门</td><td colspan="2"></td></tr>
<tr><td colspan="2">出差地点</td><td colspan="2"></td><td colspan="2">出差起止日期</td><td></td><td colspan="3">原借款额</td><td colspan="2"></td></tr>
<tr><td colspan="2">实报金额</td><td colspan="2"></td><td colspan="2">长退或短补</td><td></td><td colspan="3">出差人签字</td><td colspan="2"></td></tr>
<tr><td colspan="2">部门负责人签字</td><td colspan="2"></td><td colspan="2">财务负责人签字</td><td></td><td colspan="3">单位领导签字</td><td colspan="2"></td></tr>
</table>

附件　张

表 2－14　　**收　据**

年　月　日　　　　№ 09958

<table>
<tr><td colspan="6">今收到</td></tr>
<tr><td colspan="4">人民币（大写）</td><td colspan="2">¥ ______</td></tr>
<tr><td colspan="4" rowspan="3">事由：</td><td colspan="2">现金：</td></tr>
<tr><td colspan="2">支票</td></tr>
<tr><td colspan="2"></td></tr>
<tr><td>收款单位</td><td></td><td>财务主管</td><td></td><td>收款人</td><td></td></tr>
</table>

第一联　存根

表 2－15　　**收　据**

年　月　日　　　　№ 09958

<table>
<tr><td colspan="6">今收到</td></tr>
<tr><td colspan="4">人民币（大写）</td><td colspan="2">¥ ______</td></tr>
<tr><td colspan="4" rowspan="3">事由：</td><td colspan="2">现金：</td></tr>
<tr><td colspan="2">支票</td></tr>
<tr><td colspan="2"></td></tr>
<tr><td>收款单位</td><td></td><td>财务主管</td><td></td><td>收款人</td><td></td></tr>
</table>

第二联　记账

表 2－16　　**收　据**

年　月　日　　　　№ 09958

<table>
<tr><td colspan="5">今收到</td></tr>
<tr><td colspan="3">人民币（大写）</td><td colspan="2">¥ ______</td></tr>
<tr><td colspan="3" rowspan="3">事由：</td><td colspan="2">现金：</td></tr>
<tr><td colspan="2">支票</td></tr>
<tr><td colspan="2"></td></tr>
<tr><td>收款单位公章</td><td>财务主管</td><td></td><td>收款人</td><td></td></tr>
</table>

第三联　收据

7）12 月 5 日，出纳王薇将多余的库存现金 3 900 元存入银行，填写现金存款单一张。此款面额 100 元 31 张，面额 50 元 10 张，面额 10 元 30 张。现金存款单一式三联如表 2－17～表 2－19 所示。

表 2－17　　中国工商银行　现金存款单（回　单）　　1

年　月　日

交款单位	全称			款项来源					
	账号		开户银行						
人民币（大写）									千百十万千百十元角分
辅币	卷别	伍角	贰角	壹角	伍分	贰分	壹分		
	张数								（银行盖章）
主币	卷别	壹佰元	伍拾元	贰拾元	壹拾元	伍元	贰元	壹元	收款员
	张数								复　核

第一联　由银行盖章后退回单位

表 2－18　　中国工商银行　现金存款单（收入凭证）　　2

年　月　日

交款单位	全称			款项来源					
	账号		开户银行						
人民币（大写）									千百十万千百十元角分
辅币	卷别	伍角	贰角	壹角	伍分	贰分	壹分		
	张数								（银行盖章）
主币	卷别	壹佰元	伍拾元	贰拾元	壹拾元	伍元	贰元	壹元	收款员
	张数								复　核

第二联　收款人开户银行作贷方

表 2－19　　中国工商银行　现金存款单（出纳留存）　　3

年　月　日

交款单位	全称			款项来源					
	账号		开户银行						
人民币（大写）									千百十万千百十元角分
辅币	卷别	伍角	贰角	壹角	伍分	贰分	壹分		
	张数								（银行盖章）
主币	卷别	壹佰元	伍拾元	贰拾元	壹拾元	伍元	贰元	壹元	收款员
	张数								复　核

第三联　出纳员留存

8）12 月 5 日，用银行存款缴纳上月增值税 2 000 元及相应的城市维护建设税（5%）、教育费附加（3%）（营业收入 40 000 元，税率 5%），付款凭证如表 2－20 所示。

表 2－20　　中国工商银行北京市分行电子缴税付款凭证

转账日期：2018 年 12 月 5 日　　凭证字号：091700

纳税人全称及纳税人识别号：西飞机械制造有限责任公司子公司紫薇公司 19147770		
付款人全称：西飞机械制造有限责任公司子公司紫薇公司		
付款人账号：16010104001960８	征收机关名称：北京市西城地方税务局	
付款人开户银行：工商银行安定门支行	收款国库（银行）名称：国家金库北京市安定门支库	
金额合计（小写）：2 160.00	缴款书交易流水号：2018110510998750	
金额合计（大写）：贰仟壹佰陆拾元整	税票号码：19162000600982433	
税（费）种名称	日期（起）—日期（止）	实缴金额
增值税	2018.11.01　2018.11.31	2 000.00
教育附加税	2018.11.01　2018.11.31	100.00
城市维护建设税	2018.11.01　2018.11.31	60.00
第一次打印	打印时间：2018.11.05　08：40：43	
第二联 作付款回单（无银行收讫无效）	复核	记账

9）12 月 30 日，按产品生产工时比例分配制造费用，编制制造费用分配表（见表 2－21）。本月“制造费用”账户借方发生额为 40 000 元，A 型产品的生产工时为 1 200 小时，B 型产品的生产工时为 800 小时。

表 2－21　　制造费用分配表

单位名称：　　2018 年 12 月 30 日　　金额单位：元

分配对象	分配标准（生产工人工时）	分配率	分配金额

财务主管：王颖　　复核：王琪　　制单：王薇

10）12 月 30 日，材料核算员根据本月领料凭证编制本月发料凭证汇总表。领料单如表 2－22～表 2－27 所示，发料凭证汇总表如表 2－28 所示。

凭证 1：

表 2－22

（西飞机械制造有限责任公司子公司紫薇公司）

领　料　单

领料单位：生产车间　　编号：25690

用　　途：A 型产品　　2018 年 12 月 5 日　　仓库：1 号库

材料名称	材料规格	计量单位	数量		单价	金额
			请领	实发		
圆钢	40#	吨	20	20	1 500	30 000
合计						30 000

记账：王琪　　发料：李容　　领料：刘冬冬

凭证2：

表2－23

（西飞机械制造有限责任公司子公司紫薇公司）

领　料　单

领料单位：生产车间　　　　编号：23691

用　　途：B型产品　　2018年12月8日　　仓库：1号库

材料名称	材料规格	计量单位	数量		单　价	金　额
			请领	实发		
线材	8mm	吨	20	20	1 300	26 000
合 计						26 000

记账：王琪　　发料：李容　　领料：刘冬冬

凭证3：

表2－24

（西飞机械制造有限责任公司子公司紫薇公司）

领　料　单

领料单位：生产车间　　　　编号：23692

用　　途：机床维修　　2018年12月10日　　仓库：1号库

材料名称	材料规格	计量单位	数量		单　价	金　额
			请领	实发		
辅助材料	铁皮	m^2	5	5	200	1 000
合　计						1 000

记账：王琪　　发料：李容　　领料：刘冬冬

凭证4：

表2－25

（西飞机械制造有限责任公司子公司紫薇公司）

领　料　单

领料单位：生产车间　　　　编号：23693

用　　途：B型产品　　2018年12月15日　　仓库：2号库

材料名称	材料规格	计量单位	数量		单　价	金　额
			请领	实发		
线材	8mm	吨	10	10	1 300	13 000
合　计						13 000

记账：王琪　　发料：李容　　领料：刘冬冬

凭证5：

表2-26

（西飞机械制造有限责任公司子公司紫薇公司）

领 料 单

领料单位：管理部门　　　　　　　　　　　　　　　　编号：23694

用　　途：　　　　　2018年12月15日　　　　　　　　仓库：1号库

材料名称	材料规格	计量单位	数量		单价	金额
			请领	实发		
辅助材料	电线	m	100	100	20	2 000
辅助材料	汽油	升	200	200	4	800
合 计						2 800

记账：王琪　　　　　　　　　发料：李容　　　　　　　　　领料：刘冬冬

凭证6：

表2-27

（西飞机械制造有限责任公司子公司紫薇公司）

限额领料单

领料部门：生产车间　　　　　　　　　　　　　　　　编　号：239990

用　　途：A型产品　　　　2018年12月　　　　　　　发料仓库：2号库

材料类别	材料名称	规格	计量单位	单价	领用限额	全月实领	
						数量	金额
原料	圆钢	40#	千克	100元	3 000	2 800	280 000

日期	请领			实发		限额结余
	数量	领料单位负责人签章	领料人签章	数量	发料人签章	
11月2日	1 000	王红	刘东东	1 000	李容	2 000
11月10日	800	王红	刘东东	800	李容	1 200
11月15日	1 000	王红	刘东东	600	李容	600
11月25日	400	王红	刘东东	400	李容	200
合计	3 200			2 800		

记账：王琪　　　　　　　　　发料：李容　　　　　　　　　领料：刘冬冬

表2-28　　　　　　　　　　　发料凭证汇总表

单位名称：西飞机械制造有限责任公司子公司紫薇公司　　　　2018年12月　金额单位：元

借方科目		贷方科目			合 计
		圆 钢	线 材	辅助材料	
生产产品耗用	A型产品				
	B型产品				
	小 计				
车间一般耗费					
厂部一般耗费					
在建工程耗费					
合 计					

主管：　　　　　　　　　　　　审核：　　　　　　　　　　　　制表：

11）12月5日，西飞机械制造有限责任公司子公司紫薇公司销售产品零配件一批，数量88片，单价990元，增值税税率16%，货款存入银行。填制增值税专用发票（见表 2 – 29 ~ 表 2 – 31）。

表 2 – 29

北京增值税专用发票

全国统一发票监制章 国家税务总局监制

抵扣联

1100042140

№ 02286022

开票日期：2018 年 12 月 5 日

购货单位	名　　称：北京高华科技发展有限责任公司 纳税人识别号：110105749363788 地 址 、电 话：北京市朝阳区小营路 8 号 2 号楼 开户行及账号：交通银行育惠东路支行 110018000769692	密码区	7 < 3 – 9/ ≠ 3 > 90 + 9 + 77 > 5 + ≠加密版本:01 – 158 ≠？ + 78？ 33 < 9 – 79834 ≠ 110004214020 > 94 > 415 – 2 * 0 * 9 – 844 < 2 02286022？46 + * 56 > > 2 * + + 624 + > > * 6

货物或应税劳务名称	规格型号	单位	数量	单价	金额	税率	税额
	MPC74010R						
合计							
价税合计（大写）	（小写）						

销货单位	名　　称： 纳税人识别号： 地 址 、电 话： 开户行及账号：	备注	

收款人：　　复核：　　开票人：　　销货单位：（章）

第一联 购货方作税款抵扣凭证

表 2 – 30

北京增值税专用发票

全国统一发票监制章 国家税务总局监制

发票联

1100042140

№ 02286022

开票日期：2018 年 12 月 5 日

购货单位	名　　称：北京高华科技发展有限责任公司 纳税人识别号：110105749363788 地 址 、电 话：北京市朝阳区小营路 8 号 2 号楼 开户行及账号：交通银行育惠东路支行 110018000769692	密码区	7 < 3 – 9/ ≠ 3 > 90 + 9 + 77 > 5 + ≠加密版本:01 – 158 ≠？ + 78？ 33 < 9 – 79834 ≠ 110004214020 > 94 > 415 – 2 * 0 * 9 – 844 < 2 02286022？46 + * 56 > > 2 * + + 624 + > > * 6

货物或应税劳务名称	规格型号	单位	数量	单价	金额	税率	税额
	MPC74010R						
合计							
价税合计（大写）	（小写）						

销货单位	名　　称： 纳税人识别号： 地 址 、电 话： 开户行及账号：	备注	

收款人：　　复核：　　开票人：　　销货单位：（章）

第二联 发票联 购货方记账凭证

表 2－31　　　　北京增值税专用发票

（印章：全国统一发票监制章 国家税务总局监制）

记账联

1100042140　　　　№ 02286022

开票日期：2018 年 12 月 5 日

购货单位	名　　　称：北京高华科技发展有限责任公司 纳税人识别号：110105749363788 地 址 、电 话：北京市朝阳区小营路 8 号 2 号楼 开户行及账号：交通银行育惠东路支行 110018000769692	密码区	7 <3 －9/ ≠3 >90 +9 +77 >5 + ≠加密版本:01 －158 ≠？ +78？ 33 <9 －79834 ≠110004214020 > 94 >415 －2 ∗0 ∗9 －844 <2 02286022？46 + ∗56 > >2 ∗ + +624 + > > ∗6

货物或应税劳务名称	规格型号	单位	数量	单价	金额	税率	税额
	MPC74010R						
合计							
价税合计（大写）				（小写）			

销货单位	名　　　称： 纳税人识别号： 地 址 、电 话： 开户行及账号：	备注	

收款人：　　　　复核：　　　　开票人：　　　　销货单位：（章）

第三联　记账联　销货方记账凭证

12）12 月 5 日，预付天津玉胜钢铁公司购材料款 40 000 元，用电汇或信汇支付。天津玉胜钢铁公司开户行中国工商银行天津市分行长江路办事处，账号 1602346700000。电汇凭证如表 2－32 ~ 表 2－34 所示，信汇凭证如表 2－35 ~ 表 2－38所示。

表 2－32　　　　中国工商银行　电汇凭证（回　单）　　　　1

委托日期　　年　月　日　　　　第　号

汇款人	全　称				收款人	全　称											
	账　号					账　号											
	汇出地点		汇出行名称			汇入地点		汇入行名称									
汇入金额	人民币（大写）							千	百	十	万	千	百	十	元	角	分
汇款用途：						汇出银行盖章 年　月　日											
单位主管	会计	复核	记账														

此联汇出行给汇款人的回单

表 2－33

中国工商银行　电汇凭证（借方凭证）　　2

委托日期　　年　月　日　　第　号

<table>
<tr><td rowspan="3">汇款人</td><td>全　称</td><td colspan="3"></td><td rowspan="3">收款人</td><td>全　称</td><td colspan="10"></td><td rowspan="6">此联汇出行作借方凭证</td></tr>
<tr><td>账　号</td><td colspan="3"></td><td>账　号</td><td colspan="10"></td></tr>
<tr><td>汇出地点</td><td></td><td>汇出行名称</td><td></td><td>汇入地点</td><td colspan="3"></td><td>汇入行名称</td><td colspan="6"></td></tr>
<tr><td rowspan="2">汇入金额</td><td colspan="6" rowspan="2">人民币（大写）</td><td>千</td><td>百</td><td>十</td><td>万</td><td>千</td><td>百</td><td>十</td><td>元</td><td>角</td><td>分</td></tr>
<tr><td></td><td></td><td></td><td></td><td></td><td></td><td></td><td></td><td></td><td></td></tr>
<tr><td colspan="7">汇款用途：
此汇款支付给收款人。
电　汇　　汇款人签章</td><td colspan="10">科目（借方）
对方科目（贷方）
汇出行汇出日期　年　月　日
复核　　记账</td></tr>
</table>

表 2－34

中国工商银行　电汇凭证（发电依据）　　3

委托日期　　年　月　日　　第　号

<table>
<tr><td rowspan="3">汇款人</td><td>全　称</td><td colspan="3"></td><td rowspan="3">收款人</td><td>全　称</td><td colspan="10"></td><td rowspan="6">此联汇出行凭以拍发电报</td></tr>
<tr><td>账　号</td><td colspan="3"></td><td>账　号</td><td colspan="10"></td></tr>
<tr><td>汇出地点</td><td></td><td>汇出行名称</td><td></td><td>汇入地点</td><td colspan="3"></td><td>汇入行名称</td><td colspan="6"></td></tr>
<tr><td rowspan="2">汇入金额</td><td colspan="6" rowspan="2">人民币（大写）</td><td>千</td><td>百</td><td>十</td><td>万</td><td>千</td><td>百</td><td>十</td><td>元</td><td>角</td><td>分</td></tr>
<tr><td></td><td></td><td></td><td></td><td></td><td></td><td></td><td></td><td></td><td></td></tr>
<tr><td colspan="17">汇款用途：
电　汇　　复核　　记账</td></tr>
</table>

表 2－35

中国工商银行　信汇凭证（回　单）　　1

委托日期　　年　月　日　　第　号

<table>
<tr><td rowspan="3">汇款人</td><td>全　称</td><td colspan="3"></td><td rowspan="3">收款人</td><td>全　称</td><td colspan="10"></td><td rowspan="7">此联汇出行给汇款人的回单</td></tr>
<tr><td>账　号</td><td colspan="3"></td><td>账　号</td><td colspan="10"></td></tr>
<tr><td>汇出地点</td><td></td><td>汇出行名称</td><td></td><td>汇入地点</td><td colspan="3"></td><td>汇入行名称</td><td colspan="6"></td></tr>
<tr><td rowspan="2">汇入金额</td><td colspan="6" rowspan="2">人民币（大写）</td><td>千</td><td>百</td><td>十</td><td>万</td><td>千</td><td>百</td><td>十</td><td>元</td><td>角</td><td>分</td></tr>
<tr><td></td><td></td><td></td><td></td><td></td><td></td><td></td><td></td><td></td><td></td></tr>
<tr><td colspan="7">汇款用途：</td><td colspan="10" rowspan="2">汇出银行盖章
年　月　日</td></tr>
<tr><td colspan="7">单位主管　　会计　　复核　　记账</td></tr>
</table>

表 2－36　　中国工商银行　信汇凭证（借方凭证）

2

委托日期　　年　月　日　　　　第　号

汇款人	全　称			收款人	全　称		
	账　号				账　号		
	汇出地点		汇出行名称		汇入地点		汇入行名称
汇入金额	人民币（大写）				千 百 十 万 千 百 十 元 角 分		
汇款用途：				科目（借方）			
此汇款支付给收款人。				对方科目（贷方）			
				汇出行汇出日期　年　月　日			
汇款人签章				复核　　记账			

此联汇出行作借方凭证

表 2－37　　中国工商银行　信汇凭证（贷方凭证）

3

委托日期　　年　月　日　　　　第　号

汇款人	全　称			收款人	全　称		
	账　号				账　号		
	汇出地点		汇出行名称		汇入地点		汇入行名称
汇入金额	人民币（大写）				千 百 十 万 千 百 十 元 角 分		
汇款用途：				科目（贷方）			
备注：				对方科目（借方）			
				汇入行转账日期　年　月　日			
				复核　　记账			

此联汇入行作贷方凭证

表 2－38　　中国工商银行　信汇凭证（收账通知）

4

委托日期　　年　月　日　　　　第　号

汇款人	全　称			收款人	全　称		
	账　号				账　号		
	汇出地点		汇出行名称		汇入地点		汇入行名称
汇入金额	人民币（大写）				千 百 十 万 千 百 十 元 角 分		
汇款用途：					留行待取预留收款人印鉴		
备注：款项已收入收款人账户		款项已收妥		科目（借方）			
				对方科目（贷方）			
汇入行签章		收款人签章		汇出行汇出日期　年　月　日			
年　月　日		年　月　日		复核　　记账　　出纳			

此联是给收款人的收账通知

实验设计二　原始凭证的审核

一、实验设计目标

原始凭证的审核是熟知原始凭证审核的要求、方法和自制、外来原始凭证的审核内容。对有关经济业务的原始凭证进行审核，并在教学环节由教师指出实际工作中此环节容易存在的问题。

二、实验设计指南（特别提示）

原始凭证的审核：

1）审核原始凭证的真实性，即审核原始凭证上所有项目填列是否齐全，有关人员或部门是否签章，摘要、金额是否填写清楚，金额计算是否正确，金额大小写是否一致等。

2）审核原始凭证的合法性、合规性和合理性，即原始凭证所反映的经济业务是否符合国家颁发的有关财经法规、财会制度，是否有违法乱纪等行为。

三、实验设计

1）支票（进账单）主要审核支票种类是否正确，是否用碳素墨水书写，支票内容、开户行名称、签发人账号、收款人是否正确，用途是否真实，大小写金额是否一致，存根与正本是否相符有无更改，公章和名章是否盖全。

2）借款单主要审核大小写金额是否一致，审批人和借款人是否签字。

3）收据主要审核交款人、款项内容是否正确，大小写金额是否一致，现金收讫章是否加盖。

4）发票主要审核是否印有税务局监制章，购货单位、商品或劳务名称、金额计算是否正确，大小写金额是否一致，公章是否加盖。

5）收料单主要审核验收是否及时，其内容是否与发票一致，验收人是否签字。

6）领料单主要审核金额计算是否正确，签字是否齐全；限额领料时，每次实领数量与金额计算是否正确。

7）现金存款单主要审核收款人、账号及开户行名称是否正确，大小写金额是否一致，主、辅币金额之和是否与大小写金额相符。

8）发料凭证汇总表主要审核材料的用途、类别及金额计算是否正确。

9）制造费用分配表主要审核各种数据是否正确。

10）会计政策运用是否前后一致。

四、实验设计用品

存在一定问题的原始凭证。

五、实验设计步骤和程序

1）审核以上填制的和外部取得的原始凭证是否真实、合法、完整、准确，发现填制有误，退给填制人予以更正。

2）实验设计者相互对有关经济业务的原始凭证进行审核，并指出所存在的问题。

六、实验设计时间

实验设计时间为 1 学时。

七、实验设计资料

【资料】

根据西飞机械制造有限责任公司子公司紫薇公司 2018 年 11 月 10 日发生的经济业务，对已填制的原始凭证进行审核，并指出所存在的问题。

1）11 月 10 日，企业购入产品一批，收到增值税专用发票一张（见表 2－39）。

表 2－39

北京增值税专用发票

发票联

1100042140　　　　　　　　　　　　　№ 02286022

开票日期：2018 年 11 月 10 日

购货单位	名　　称：北岳机械制造有限责任公司 纳税人识别号：110229773381052000 地 址 、电 话：北京市八达岭科教园区祥元 1 号 开户行及账号：工商银行延庆支行 160101040019608				密码区	7 <3 －9/≠3 >90 +9 +77 >5 + ≠加密版本:01 －158 ≠？ +78？ 33 <9 －79834 ≠110004214020 > 94 >415 －2 ＊0 ＊9 －844 <2 02286022？46 + ＊56 > >2 ＊ + +624 + > > ＊6	
货物或应税劳务名称	规格型号	单位	数量	单价	金额	税率	税额
器件	MPC74010R	片	88	900	79 200	16%	12 672
合计					￥79 200		￥12 672
价税合计（大写）	玖万壹仟捌佰柒拾贰元整				（小写）￥91 872. 00		
销货单位	名　　称：北京志立数码科技有限责任公司 纳税人识别号：110229759406388 地 址 、电 话：北京市海淀区江苏街 68 号 82516488 开户行及账号：北京银行航天支行 1001201031074-24				备注	结算方式：转账 （北京志立数码科技有限责任公司 发票专用章）	

第二联　发票联购货方记账凭证

收款人：王晓红　　　复 核：张娟　　　开票人：王晓红　　　销货单位：（章）

2）11 月 10 日，收到职工张红原欠款 2 000 元现金，开出收据（见表 2－40）。

表 2－40

收　据

2018 年 11 月 10 日　　　　　　№ 09960

今收到：张红			
人民币（大写）贰仟元整		￥2 000. 00	
事由： 归还原借款		现金： 支票：√	
收款单位		财务主管　王颖	收款人　王薇

第二联　记账

3）11 月 10 日，销售产品一批，向购货单位开出普通发票（见表 2－41）。

表 2－41　　　　北京市商业企业专用发票

记　账　联

11100041 2022

客户名称：华阳商店　　　　№ 432660

编　号	商品名称	规　格	单　位	数　量	单　价	金额 十	万	千	百	十	元	角	分
	A 型产品		台	3	3 500		1	0	5	0	0	0	0
	小写金额合计					¥	1	0	5	0	0	0	0
	大写金额	⊗拾壹万零仟伍佰零拾零元零角零分											

开票单位（发票专用章）　　开票人：和平　　2018 年 11 月 10 日

4）11 月 10 日，采购员张辉报销购买劳保用品的费用。发票如表 2－42 所示。

表 2－42　　　　北京市商业企业专用发票

发　票　联

11100052101

客户名称：西飞机械制造有限责任公司　　　　№ 38292

编　号	商品名称	规　格	单　位	数　量	单　价	金额 十	万	千	百	十	元	角	分
	工作服		套	100	60			6	0	0	0	0	0
	小写金额合计						¥	6	0	0	0	0	0
	大写金额	⊗拾⊗万陆仟零佰零拾零元零角零分											

开票单位（发票专用章）　　开票人：李福　　2018 年 11 月 10 日

5）11 月 10 日，职工李立报销差旅费，填制报销单一张（见表 2－43）。

表 2－43　　　　差旅费报销单

单位名称：西飞公司销售科　　2018 年 11 月 10 日　　单位：元

项目	火车票	飞机票	船票	长途汽车票	市内交通费	住宿费	公出补助 天数	标准	金额	其他	合计金额
数量	2										
金额	230				36	100	6	25	150		516
合计人民币（大写）：											

出差人姓名	李立	出差事由	开会	所属部门	供应科
出差地点	杭州	出差起止日期	11 月 4～9 日	原借款额	600
实报金额	516	长退或短补	85	出差人签字	李立
部门负责人签字	陈辉	财务负责人签字	王颖	单位领导签字	王盟

附件 8 张

6）11 月 10 日，生产车间领用手套 100 双，单价 5 元。领料单如表 2－44 所示。

表 2－44　　（西飞机械制造有限责任公司子公司紫薇公司）

领　料　单

领料单位：生产车间　　　　　　　　　　　　　　　　编号：23650

用　　途：A 产品　　　　2018 年 11 月 10 日　　　　仓库：1 号库

材料类别	材料名称	计量单位	数　量		单　价	金　额
			请领	实发		
低值易耗品	手套	双	120	100	5	500.00
合　计	—	—	120	100	—	500.00

记账：王琪　　　　　　　　发料：李容　　　　　　　　领料：陈会

实验设计三 记账凭证的填制

一、实验设计目标

记账凭证通常分为收款凭证、付款凭证和转账凭证，也可以使用通用记账凭证。本项实验设计的目标是，要熟悉通用记账凭证及收、付、转各种记账凭证的格式及适用范围，掌握根据审核无误的原始凭证编制各种记账凭证的方法，特别要熟练掌握收、付、转记账凭证的填制方法。

二、实验设计指南（特别提示）

（一）记账凭证的基本要求

1）记账凭证的内容必须具备：填制凭证的日期、凭证种类和编号、经济业务摘要、会计科目、金额、所附原始凭证张数、填制凭证人员、稽核人员、记账人员、会计机构负责人、会计主管人员签名或者盖章。收款和付款凭证还应当由出纳人员签名或者盖章。以自制的原始凭证或者原始凭证汇总表代替记账凭证的，也必须具备记账凭证应有的项目。

2）填制记账凭证时，记账凭证必须按月连续编号，以便于记账、查账，防止散落、丢失。编号方式可按经济业务发生的时间先后顺序统一编号，也可以采用分类统一编号。如果一笔经济业务需要编制两张以上记账凭证时，可以采用“分数编号法”编号，即在原顺序编号后面，以分数形式表示该笔经济业务所编制的记账凭证的张数及该张的顺序号。月末，在最后一张记账凭证的编号旁边，注明“全”，表示本月编制的记账凭证到此全部结束。

3）对经济业务发生后取得或填制的原始凭证进行认真严格的检查、审核，经确认其内容真实、准确无误后，方可依此填制相应的记账凭证。记账凭证可以根据每一张原始凭证填制，或者根据若干张同类原始凭证汇总填制，也可以根据原始凭证汇总表填制。但不得将不同内容和类别的原始凭证汇总填制在一张记账凭证上。

4）除结账和更正错误的记账凭证可以不附原始凭证外，其他记账凭证必须附有原始凭证。如果一张原始凭证涉及几张记账凭证，可以把原始凭证附在一张主要的记账凭证后面，并在其他记账凭证上注明附有该原始凭证的记账凭证的编号或者附上原始凭证复印件。一张原始凭证所列支出需要几个单位共同负担的，应当将其他单位负担的部分，开给对方原始凭证分割单，进行结算。原始凭证分割单必须具备原始凭证的基本内容：凭证名称、填制凭证日期、填制凭证单位名称或者填制人姓名、经办人的签名或者盖章、接受凭证单位名称、经济业务内容、数量、单价、金额和费用分摊情况等。

5）如果在填制记账凭证时发生错误，应当重新填制。已经登记入账的记账凭证，在当年内发现填写错误时，可以用红字填写一张与原内容相同的记账凭证，在摘要栏注明“注销某月某日某号凭证”字样，同时再用蓝字重新填制一张正确的记账凭证，注明“订正某月某日某号凭证”字样。如果会计科目没有错误，只是金额错误，也可以将正确数字与错误数字之间的差额，另编一张调整的记账凭证，调增金额用蓝字，调减金额用红字。发现以前年度记账凭证有错误的，应当用蓝字填制一张更正的记账凭证。

6）记账凭证填制完经济业务事项后，如有空行，应当自金额栏最后一笔金额数字下的空行处至合计数上的空行处划线注销。

（二）记账凭证的填制要求

填制记账凭证，字迹必须清晰、工整，并符合下列要求：

1）阿拉伯数字应当一个一个地写，不得连笔写。阿拉伯金额数字前面应当书写货币币种符号或者货币名称简写和币种符号。币种符号与阿拉伯金额数字之间不得留有空白。凡阿拉伯数字前写有币种符号的，数字后面不再写货币单位。

2）所有以“元”为单位（其他货币种类为货币基本单位，下同）的阿拉伯数字，除表示单价等情况外，一律填写到角分；无角分的，角位和分位可写“00”，或者用符号“—”代替；有角无分的，分位应当写“0”，不得用符号“—”代替。

3）实行会计电算化的单位，对于机制记账凭证，要认真审核，做到会计科目使用正确，数字准确无误。打印出的机制记账凭证要加盖制单人员、审核人员、记账人员及会计机构负责人、会计主管人员印章或者签字。

（三）记账凭证的填制方法

各种形式的记账凭证所反映的经济业务内容不同，其格式和具体填制方法也不尽相同。

1. 收、付款凭证的填制

收、付款凭证是根据有关反映库存现金和银行存款收、付款业务的原始凭证填制的。

收款凭证具体填制方法如下：

1）收款凭证的左上方“借方科目”应填写“库存现金”或“银行存款”科日。

2）正上方“年、月、日”应按记账凭证的编制日期填写。

3）右上方“字第号”是记账凭证的编号，应按记账凭证的填制顺序填写。收、付款凭证按月编制，并注意不要错号、重号、漏号。

4）“摘要”栏填写经济业务的内容，要求简洁明确。

5）“贷方总账科目”栏及“明细科目”栏，应填写与“借方科目”（银行存款或库存现金）相对应的贷方一级科目所属的明细科目名称。

6）在“金额”栏相对应的行次填写贷方一级科目其所属明细科目的金额。

7）“合计”行金额表示借方科目“库存现金”和“银行存款”的总金额，金额计算要求准确无误。

8）“借或贷”（或“过账”）栏填写已记入有关的总分类账及其所属明细分类账、“库存现金”（或银行存款）日记账的页码。或用“借”或“贷”或“√”表示已经入账（过账完毕）。

9）“附件”填写该编号记账凭证所依据的原始凭证的张数，以备核查。

10）有关经手人员要在表格下面的相应项目后签章，以明确经济责任。

具体格式和内容如表2－45和表2－46所示。

表2－45 **收款凭证**

借方科目：银行存款　　　　2018年11月10日　　　　银收字10号

摘要	贷方总账科目	明细科目	金额 百	十	万	千	百	十	元	角	分	记账
销售甲产品	主营业务收入	甲产品			1	0	0	0	0	0	0	
	应交税费	应交增值税（销）				1	6	0	0	0	0	
合计金额				¥	1	1	6	0	0	0	0	

附件2张

会计主管：王颖　　记账：　　复核：王琪　　制单：王薇　　出纳：王薇

表2－46 **付款凭证**

贷方科目：银行存款　　　　2018年11月15日　　　　银付字10号

摘要	借方总账科目	明细科目	金额 百	十	万	千	百	十	元	角	分	记账
购入线材	材料采购			1	0	0	0	0	0	0	0	
	应交税费	应交增值税（进）			1	6	0	0	0	0	0	
合计金额			¥	1	1	6	0	0	0	0	0	

附件2张

会计主管：王颖　　记账：　　复核：王琪　　制单：王薇　　出纳：王薇

2. 转账凭证的填制

转账凭证是根据有关除库存现金和银行存款收付款业务以外的转账类经济业务的原始凭证填制的。

具体填制方法如下：

1）正上方“年、月、日”应按记账凭证的编制日期填写。

2）右上方“字第号”是记账凭证的编号，应按记账凭证的填制顺序填写。转账凭证按月编制，并注意不要错号、重号、漏号。

3）“摘要”栏填写经济业务的内容，要求简洁明确。

4）会计科目栏应将经济业务所涉及的会计科目及所属的明细科目全部填列在凭证内，借方科目在先，贷方科目在后。

5）在“借方金额”栏和“贷方金额”栏相对应的行次内计算填列所属明细科目的应借或应贷金额。

6）最后一行“合计”填列借方会计科目金额合计或贷方会计科目金额合计，且两者应相等。

其他项目填制方法与收款凭证基本相同。具体格式和内容如表 2－47 所示。

表 2－47

转账凭证

2018 年 11 月 15 日　　　　转字 20 号

摘　要	科目名称		借方金额								贷方金额								记　账
	总账科目	明细科目	十	万	千	百	十	元	角	分	十	万	千	百	十	元	角	分	
计提固定资产折旧	制造费用	折旧费		2	0	0	0	0	0	0									
	管理费用	折旧费		1	0	0	0	0	0	0									
	累计折旧											3	0	0	0	0	0	0	
合计金额			¥	3	0	0	0	0	0	0	¥	3	0	0	0	0	0	0	

附件 1 张

会计主管：王颖　　　　记账：　　　　复核：王琪　　　　制单：王薇

3. 通用记账凭证的续制

通用记账凭证是一种适合各种经济业务的记账凭证。采用通用记账凭证，将经济业务所涉及的会计科目全部填列在一张凭证内，借方在先，贷方在后，将各会计科目所记应借应贷的金额填列在“借方金额”或“贷方金额”栏内。借、贷金额合计数应相等，有关人员签名盖章，并填写所附原始凭证的张数。记账凭证如表 2－48 所示。

表 2－48

记账凭证

2018 年 11 月 15 日　　　　字 58 号

摘　要	科目名称		借方金额								贷方金额								记　账
	总账科目	明细科目	十	万	千	百	十	元	角	分	十	万	千	百	十	元	角	分	
销售一批乙产品	银行存款			5	8	0	0	0	0	0									
	主营业务收入	乙产品										5	0	0	0	0	0	0	
	应交税费	应交增值税											8	0	0	0	0	0	
合计金额			¥	5	8	0	0	0	0	0	¥	5	8	0	0	0	0	0	

附件 1 张

会计主管：王颖　　　　记账：　　　　复核：王琪　　　　制单：王薇

4. 记账凭证汇总表

对于经济活动频繁的单位，填制的记账凭证较多，为了减少会计人员的工作量，简化记账工作，可以定期（5 天、10 天）将所编制的记账凭证进行归类汇总，整理后编制“记账凭证汇总表”（也称“科目汇总表”），然后再将汇总后的资料内容登记到相应的总分类账簿中。其格式和内容如表 2－49 所示。

表 2－49 科目汇总表

年　月　日

会计科目	1～10 日发生额		11～20 日发生额		21～31 日发生额		发生额合计		总账页数
	借方	贷方	借方	贷方	借方	贷方	借方	贷方	
合计									

（四）会计凭证的保管

会计机构、会计人员要妥善保管会计凭证。具体要求如下：

1）会计凭证应当及时传递，不得积压。

2）会计凭证登记完毕后，应当按照分类和编号顺序保管，不得散乱丢失。

3）记账凭证应当连同所附的原始凭证或者原始凭证汇总表，按照编号顺序，折叠整齐，按期装订成册并加具封面，注明单位名称、年度、月份和起讫日期、凭证种类、起讫号码，由装订人在装订线封签外签名或者盖章。对于数量过多的原始凭证，可以单独装订保管，在封面上注明记账凭证日期、编号、种类，同时在记账凭证上注明“附件另订”和原始凭证名称及编号。各种经济合同、存出保证金收据以及涉外文件等重要原始凭证，应当另编目录，单独登记保管，并在有关的记账凭证和原始凭证上相互注明日期和编号。

4）原始凭证不得外借，其他单位如因特殊原因需要使用原始凭证时，经本单位会计机构负责人、会计主管人员批准，可以复制。向外单位提供的原始凭证复印件，应当在专设的登记簿上登记，并由提供人员和收取人员共同签名或者盖章。

5）从外单位取得的原始凭证如有遗失，应当取得原开出单位盖有公章的证明，并注明原来凭证的号码、金额和内容等，由经办单位会计机构负责人、会计主管人员和单位领导人批准后，才能代作原始凭证。如果确实无法取得证明的，如火车、轮船和飞机票等凭证，由当事人写出详细情况，由经办单位会计机构负责人、会计主管人员和单位领导人批准后，代作原始凭证。

三、实验设计

1. 正确选择适用的记账凭证

在对原始凭证进行认真审核的基础上，根据经济业务的性质、内容，选择适用的收、付、转记账凭证。

2. 认真填制记账凭证

要求做到内容完整、项目齐全，不得漏填或错填，要按规定时间及时编制。凭证摘要要简明，业务记录要正确，科目使用要准确，应注明所附原始凭证的张数，凭证要顺序编号。

1）记账凭证、各种账簿和会计报表，必须用蓝黑墨水或碳素墨水书写。

2）确定每笔业务的内容、应填制的记账凭证种类、填制日期和会计分录。

3）记账凭证内容按下列顺序填写：总号、分号、日期、摘要、分录、注销金额栏空行、人民币符号及合计数、附件张数、填制人签字或盖章。记账凭证的填制日期，一般要填写原始凭证的填制或取得的日期。

4）记账凭证按其种类自 1 号起分别编号，同时加编总号（也可按自然编号）。

5）金额栏如有空行，划一斜线或“S ”线注销。对于转账凭证，也可只注销贷方空行。

6）合计金额前应写人民币符号“￥”，对于只有一行记录的记账凭证，也应填写合计金额。设有借贷两个金额栏的转账凭证，借贷两方都要填写合计金额，并各写一个人民币符号。

7）凭证内容填写完毕后，检查有无填写错误，如果有误，应当重新填制。经查无误或更正后，在填制人（学生本人）处签字或盖章，其他人员暂不签字。

8）每一笔业务的记账凭证填制完毕，把原始凭证附在记账凭证后面，依左上角理齐，用回形针别在左上角上。

9）发票抵扣联应另行保存，以便在月末编制“增值税纳税申报表”时作为抵扣依据，连同“申报表”缴税务机关审核。

10）代会计主管（由学生自定）审批收付款业务，并在收付款凭证上签名。

11）代出纳员（由学生自定）收付款，并在收付款凭证上签名。

四、实验设计用品

1）模拟原始凭证若干张。

2）通用记账凭证。

五、实验设计步骤和程序

1）填制记账凭证之前，根据审核无误的原始凭证，先将原始凭证按虚线撕开，按经济业务顺序（原始凭证左上角阿拉伯数字）排列。一笔业务附有两张以上原始凭证的，用曲别针别在一起。审核所填制的原始凭证是否真实、合法、完整和准确。

2）选择适用的收、付、转记账凭证。根据经济业务的内容和性质，确定适用的收款凭证、付款凭证和转账凭证。

3）将填制的记账凭证及所附原始凭证装订成册。

六、实验设计时间

实验设计时间为 16 学时。

七、实验设计资料

要求：

1）根据西飞机械制造有限责任公司 2018 年 12 月发生的经济业务及有关的原始凭证填制记账凭证，假设该企业采用收、付、转三种凭证并分别编号。

2）在填制凭证前，指导老师应向学生强调记账凭证的填制要求，对记账凭证的审核，指导老师应向学生说明记账凭证审核的重要意义。

3）将填制的记账凭证及所附的原始凭证装订成册。

【资料】

下列各题所附原始凭证见最后附录。

北京市西飞机械制造有限责任公司 2018 年 12 月经济业务如下：

1. 12 月 1 日，本企业的投资方信达公司，按照公司关于增资扩股的决议，投入资本金 180 000 元已到位，存入企业银行存款户。

2. 12 月 1 日，办公室刘眉报销办公用品款，以现金付讫。

3. 12 月 1 日，接开户银行通知，期限 2 年的一笔 200 000 元借款，款项已划拨企业银行存款账户。

4. 12 月 2 日，向北京梅泰公司开出转账支票一张，购买 A 材料 400 千克，单价 65 元，价款 26 000 元，增值税 4 160 元，对方代垫运费 300 元，共计 30 460 元。材料已到达企业，并验收入库。

5. 12 月 2 日，向广东天成有限责任公司开出 3 个月的无息商业承兑汇票购买 B 材料，数量 200 千克，单价 55 元，价款 11 000 元，增值税 1 760 元，共计 12 760元。材料未达。

6. 12 月 4 日，第 5 笔业务的材料到达并已验收入库。

7. 12 月 4 日，在北京证券交易营业所卖出本年购入的全部“0690”公司债券。

8. 12 月 4 日，开出转账支票一张，从北京大群批发公司购入工作服 20 套，单价 150 元，货款 3 480 元，已验收入库。

9. 12 月 4 日，开出转账支票一张，向希望工程基金会捐款 10 000 元。

10. 12 月 4 日，采用转账支票结算方式向北京景顺公司销售甲产品 20 箱，单价 3 500 元，价款 70 000 元，已办理进账手续。

11. 12 月 4 日，与北京宏发公司签订乙产品订货合同，约定：预定货款金额共计 300 000 元，订货方预付货款的 40%；另 60% 待产品发运后补付。预付款项已存入企业存款户。

12. 12 月 4 日，开出 5 000 元现金支票一张，支付销售部门张勤出差借款。

13. 12 月 5 日，开出转账支票一张，预交下年度的财产保险费 28 800 元。

14. 12 月 5 日，从北京先锋公司购入联想奔腾 III850 微机 31 台，价款共计 263 500 元，增值税 42 160 元，共计 305 660 元，款项用转账支票付讫。计算机已交付科研中心使用。

15. 12 月 6 日，加工车间领用劳保用品 5 655 元。

16. 12 月 6 日，开出为期 2 个月的无息商业承兑汇票，抵付前欠辽宁利民公司的购货款 26 000 元。

17. 12 月 6 日，从北京宝盈有限公司购入 A 材料 205. 48 千克，单价 73 元，价款 15 000 元，增值税 2 400 元，材料已验收入库。经查验实际入库数量为 200 千克，属合理损耗，款项尚未支付。

18. 12 月 6 日，接到商业承兑汇票付款通知，本企业向山东世纪公司签发的商业承兑汇票到期，已兑付。

19. 12 月 6 日，以电汇结算方式偿还所欠河北永和公司部分购货款 8 000 元，另支付银行手续费 50 元。

20. 12 月 6 日，以转账支票方式支付北京创美广告公司的广告费 3 200 元。

21. 12 月 6 日，销售部张勤以转账支票方式支付产品展销费 2 500 元。

22. 12 月 6 日，以委托收款结算方式向山东光讯公司销售乙产品 30 箱，单价 2 500 元，价款 75 000 元，增值税 12 000 元，共计 87 000 元，已办妥托收手续，支付银行手续费 50 元。另以现金支付销售运费 350 元。

23. 12 月 6 日，职工刘东出差归来，报销差旅费 950 元，借款余额交回财务部门。

24. 12 月 6 日，根据预收账款销售商品合同约定，给上海祥和公司发出甲产品 3 箱，单价 3 500 元，价款 10 500 元，增值税 1 680 元。

25. 12 月 8 日，购入待安装的 Ltus 设备一台，规格 LX，型号 998，价款 75 000元，增值税 12 000 元，运费 1 250 元，设备款已用转账支票付讫，设备已交由动力部门安装。

26. 确认坏账损失 3 510 元。

27. 12 月 10 日，按照预付货款购货合同，北京华富有限公司把 B 材料 375 千克发运到本公司，单价 48 元，价款 18 000 元，增值税 2 880 元，运费 200 元，材料已验收入库。用转账支票将余额 1 260 元结清。

28. 12 月 10 日，缴纳上月增值税。

29. 12 月 10 日，缴纳上月城建税、教育附加费、个人所得税。

30. 12 月 10 日，与北京华宝有限公司签订 B 材料购货合同，以转账支票预付定金 17 600 元。

31. 12 月 12 日，将美佳公司 11 月 12 日签发的三个月期无息商业承兑汇票20 000元向银行贴现，月贴现利率 0. 5%。

32. 12 月 12 日，用银行转账支票支付订阅下年度报纸杂志费 1 200 元。

33. 12 月 12 日，职工李渊报销医疗费 240 元。

34. 12 月 12 日，支付上个月电话费 4 500 元。

35. 12 月 12 日，根据实存账存报告单反映，B 材料发生非常损失，盘亏 40 千克。

36. 12 月 12 日，本企业的一台设备 XD 因意外事故遭受严重毁损，该设备的原始价值为 18 000 元，累计折旧 4 340 元，保险公司已调查结束，并支付保险赔偿金 4 000 元。

37. 12 月 12 日，接委托收款通知，山东光讯公司的货款已收到。

38. 12 月 15 日，计提应计入厂房扩建工程的长期借款利息，固定资产借款金额为 200 000 元，年利率为 6%。

39. 12 月 15 日，本厂的厂房扩建工程现已竣工并投入使用，并补付工程余款。

40. 12 月 15 日，接到委托收款付款通知，支付水费 4 872 元。

41. 12 月 16 日，因质量问题，北京景顺有限公司退回本月所购的甲产品 2 箱，计价款 7 000 元和增值税 1 120 元，均已通过转账支票退款。

42. 12 月 16 日，接到委托收款付款通知，支付电费 25 543. 2 元。

43. 12 月 16 日，收到北京华光公司转账支票一张，偿还所欠购货款 28 000 元，已办理进账手续。

44. 12 月 20 日，收到北京顺通公司转账支票一张，支付所有权转让费 13 500 元。

45. 12 月 20 日，归还到期的短期借款本金和利息。

46. 12 月 20 日，已于前几期注销的湖北硕实公司应收账款 5 000 元，经努力收回其中的 1 404 元。

47. 12 月 20 日，以每股 45 元的价格从证券市场购买大众交通的普通股股票 3 000 股，价款内含有已宣告分派每股 1 元的现金股利，支付佣金和印花税 1 120. 50元，已确认买进。

48. 12 月 20 日，没收逾期未收回 40 个包装物押金 2 100 元，予以转账。

49. 12 月 21 日，行政部门李云到财务部门预借定额备用金 800 元。

50. 12 月 23 日，从银行提取现金 179 225 元，备发工资。

51. 12 月 23 日，支付本月应付职工工资 179 225 元，代扣个人所得税 7 275 元。

52. 12 月 27 日，购买大众交通股票价款中的应收股利 3 000 元，现已收到。款项已划存证券资金账户。

53. 12 月 31 日，摊销本月应负担的无形资产价值和财产保险费。

54. 12 月 31 日，收到职工马聪违章操作罚款 1 812. 39 元。罚款收入当天送存银行。

55. 12 月 18 日，向河北玉田公司分期收款发出第一批甲商品 20 箱，单价 3 500元，价款 70 000 元，增值税 11 200 元，款已经收到。

56. 12 月 31 日，向广东昌荣公司销售甲产品 80 箱，单价 3 500 元，价款 280 000元，增值税 44 800 元，已办妥托收手续，支付银行手续费 50 元。

57. 12 月 31 日，向北京宏发公司发出乙产品 120 箱，单价 2 500 元，增值税 48 000元，货税款以转账支票结清，已办妥进账手续。

58. 12 月 31 日，结转入库材料成本差异。

59. 12 月 31 日，月末结转发出材料成本。

60. 12 月 31 日，月末分配水费。

61. 12 月 31 日，月末将各部门用水分配。

62. 12 月 31 日，分配工资费用。

63. 12 月 31 日，计提本月职工福利费、工会经费和职工教育经费。

64. 12 月 31 日，支付加工车间的固定资产修理费。

65. 12 月 31 日，计提固定资产折旧。

66. 12 月 31 日，月末分配辅助生产成本。

67. 12 月 31 日，月末结转制造费用。

68. 12 月 31 日，结转本月完工产品成本（5 张产品入库单省略）。

69. 12 月 31 日，结转本月主营业务成本。

70. 12 月 31 日，结转未缴增值税。

71. 12 月 31 日，计提本月应缴纳的城市维护建设税和教育费附加。

72. 管理费用中列支的税金摊销。

73. 12 月 31 日，计提长期借款利息。

74. 12 月 31 日，发生材料盘亏。

75. 12 月 31 日，计算本月应交所得税，并转入本年利润账户。

76. 12 月 31 日，结转本年实现的利润，计提法定盈余公积金、公益金。

实验设计四　记账凭证的审核

一、实验设计目标

掌握记账凭证的审核技巧，以提高学生对实际经济业务的账务处理能力。

二、实验设计指南（特别提示）

记账凭证的审核和处理：

1. 记账凭证的审核内容

1）填制依据是否真实。

2）填制项目是否齐全。

3）使用会计科目是否正确。

4）金额计算是否正确。

5）书写是否清楚。

2. 错误记账凭证的处理

发现未入账的记账凭证有错误，应重新编制；已入账的记账凭证有错误，应按照规定的更正错账的方法予以更正。

三、实验设计

1）按凭证内容的填制顺序，逐项审核记账凭证，从中指出其存在的问题。

2）审核中发现填制有误，退给填制人予以更正。

3）审核人姓名或盖章。

四、实验设计用品

收、付、转记账凭证，存在一定问题的记账凭证若干张。

五、实验设计步骤和程序

1）正确编制收、付、转记账凭证。根据审核无误的原始凭证，编制相应的收款凭证、付款凭证和转账凭证。

2）审核收、付、转记账凭证的准确性。

六、实验设计时间

实验设计时间为 1 学时。

【资料】

西飞机械制造有限责任公司 2018 年 11 月 20 日发生 5 笔经济业务，会计人员填制的记账凭证及所附的原始凭证如下，要求对记账凭证进行审核。

1）11 月 20 日，从银行提取现金。现金支票存根如表 2－50 所示，收款凭证如表 2－51 所示。

表 2－50

中国工商银行
现金支票存根（京）

支票号码　Ⅵ Ⅱ 03335689
科　　目　银行存款
对方科目　库存现金
出票日期　2018 年 11 月 20 日

收款人	西飞机械制造有限责任公司
金　额	¥3 000.00
用　途	备用

单位主管：王盟　　会计：王琪

表 2－51

收款凭证

借方科目：库存现金　　2018 年 11 月 20 日　　现收字 1 号

摘　要	贷方总账科目	明细科目	百	十	万	千	百	十	元	角	分	记　账
提　现	银行存款					3	0	0	0	0	0	
合计金额					¥	3	0	0	0	0	0	

附件 1 张

会计主管：王颖　　记账：　　复核：王琪　　制单：王薇　　出纳：王薇

2）11 月 20 日，管理部门报销业务招待费，以现金支付。付款凭证如表 2－52所示，发票如表 2－53 所示。

表 2-52

付款凭证

贷方科目：库存现金　　2018 年 11 月 20 日　　现付字 10 号

摘　要	借方总账科目	明细科目	百	十	万	千	百	十	元	角	分	记　账
报销业务招待费	管理费用	招待费					6	5	0	0	0	
合计金额						¥	6	5	0	0	0	

附件 1 张

会计主管：王颖　　记账：　　复核：王琪　　制单：王薇　　出纳：王薇

表 2-53

北京市服务业、娱乐业、文化体育业专用发票（卷票）

发　票　联

（印章：全国统一发票监制章 北京市 地方税务局监制）

发票代码 2111

发票号码 2858

密　　码

信息码 201206

税务登记号：110239

收款单位：北京花园宾馆

付款单位（个人）：西飞机械制造有限责任公司

经营项目	金　额
餐　　费	600.00

金额合计（人民币大写）：陆佰元整

机打票号：2012055

税控装置防伪码：47585868

税控装置号：34545

开票日期：2018-11-20

收款单位（盖章有效）　　税控装置打印发票手开无效

3）以转账支票预付购货款。付款凭证如表 2-54 所示，转账支票存根如表 2-55 所示。

4）购买材料，货款暂欠，材料已验收入库。转账凭证如表 2-56 所示，发票如表 2-57 所示，材料入库单如表 2-58 所示。

表 2-54

付款凭证

贷方科目：银行存款　　2018 年 11 月 20 日　　银付字 10 号

摘　要	总账科目	明细科目	百	十	万	千	百	十	元	角	分	记　账
预付货款	材料采购	红河公司				8	0	0	0	0	0	
合计金额					¥	8	0	0	0	0	0	

附件 1 张

会计主管：王颖　　记账：　　复核：王琪　　制单：王薇　　出纳：王薇

表 2－55

中国工商银行
转账支票存根（京）

Ⅵ Ⅱ　02656901
科　　目　银行存款
对方科目　预付账款
出票日期　2018 年 11 月 20 日

收款人	红河公司
金　额	¥8 000.00
用　途	预付货款

单位主管：王盟　　会计：王琪

表 2－56

转账凭证

2018 年 11 月 20 日　　　　转字　号

摘　要	科目名称		借方金额								贷方金额								记　账
	总账科目	明细科目	十	万	千	百	十	元	角	分	十	万	千	百	十	元	角	分	
购入材料	原材料	圆钢		6	0	0	0	0	0	0									√
	应交税费	应交增值税（进）			9	6	0	0	0	0									√
	材料采购											6	9	6	0	0	0	0	
合 计 金 额											¥	6	9	6	0	0	0	0	

附件 1 张

会计主管：王颖　　记账：　　复核：王琪　　制单：王薇　　出纳：王薇

表 2－57

北京增值税专用发票

全国统一发票监制章
国家税务总局监制

1100142140

№ 02386022

开票日期：2018 年 11 月 20 日

购货单位	名　　称：北岳机械制造有限责任公司 纳税人识别号：110229773381052000 地 址 、电 话：北京市八达岭科教园区祥元 1 号 开户行及账号：工商银行延庆支行 160101040019608	密码区	7 <3 －9/≠3 >90 +9 +77 >5 +≠加密版本:01 －158≠？ +78？33 <9 －79834≠110004214020 >94 >415 －2 ＊0＊9－844 <2　02386022？46 +＊56 > >2＊ + +624 + > >＊6

货物或应税劳务名称	规格型号	单位	数量	单价	金额	税率	税额
圆钢	40#	吨	40	1 500	60 000	16%	9 600
合计					¥60 000		¥9 600
价税合计（大写）	陆万玖仟陆佰元整				（小写）69 600		

销货单位	名　　称：北京市首东钢铁厂 纳税人识别号：1102298945632110 地 址 、电 话：北京市东城区和平里南口 21 号 开户行及账号：工商银行和平里办事处 1016236986000	备注	结算方式：转账 支票号码：6893

第二联　发票联　购货方记账凭证

收款人：宁钢　　复核：孙强　　开票人：宁钢　　销货单位：（章）

北京市首东钢铁厂
发票专用章

表 2-58

（西飞机械制造有限责任公司）

材料入库单

供货单位：南宁钢铁厂　　　　凭证编号：0203

发票编号：559　　2018 年 11 月 20 日　　收料仓库：2 号库

材料类别	材料规格	计量单位	数量		金额			
			应收	实收	单价	买价	运杂费	合计
圆钢	40#	吨	40	40	1 500	60 000		60 000
合　计						60 000		60 000

财务主管：张洁　　仓库保管员：李容　　验收员：王宁　　采购员：李力

5）将现金存入银行。收款凭证如表 2-59 所示，现金存款单如表 2-60 所示。

表 2-59　　收款凭证

贷方科目：银行存款　　2018 年 11 月 20 日　　银收字 10 号

摘　要	贷方总账科目	明细科目	金额 百	十	万	千	百	十	元	角	分	记　账
现金存入银行	库存现金					2	5	0	0	0	0	
合计金额					¥	2	5	0	0	0	0	

附件 1 张

会计主管：王颖　　记账：　　复核：王琪　　制单：王薇　　出纳：王薇

表 2-60　　中国工商银行　现金存款单（回　单）　　1

2018 年 11 月 20 日

交款单位	全　称	西飞机械制造有限责任公司	款项来源	多余现金
	账　号	160101040019608	开户银行	工商银行延庆支行

人民币（大写）贰仟伍佰元整	千	百	十	万	千	百	十	元	角	分
				¥	2	5	0	0	0	0

辅币	卷别	伍角	贰角	壹角	伍分	贰分	壹分	（银行盖章）
	张数							
主币	卷别	壹佰元	伍拾元	贰拾元	壹拾元	伍元	贰元	壹元	收款员 复　核
	张数	25							

实验设计五　日记账、总分类账和明细分类账的登记

一、实验设计目标

各单位应当按照国家统一会计制度的规定和会计业务的需要设置会计账簿。会计账簿包括总分类账、明细分类账、日记账和其他辅助性账簿。通过本项实验设计使学生掌握三栏式现金日记账和银行存款日记账的登记方法，掌握总分类账和所属明细分类账之间的平行登记关系及登记方法。

二、实验设计指南（特别提示）

（一）账簿启用规则

启用会计账簿时，应当在账簿封面上写明单位名称和账簿名称，在账簿扉页上应附启用表，内容包括：启用日期、账簿页数、记账人员和会计机构负责人、会计主管人员姓名，并加盖名章和单位公章。记账人员或者会计机构负责人、会计主管人员调动工作时，应当注明交接日期，接办人员及监交人员姓名，并签名或者盖章，以明确双方经济责任。

现金日记账、银行存款日记账和总分类账必须采用订本式账簿。不得用银行对账单或者其他方法代替日记账。启用订本式账簿，应当从第一页到最后一页顺序编定页数，不得跳页、缺号。使用活页式账页，应当按账户顺序编号，并须定期装订成册，装订后再按实际使用的账页顺序编定页码，另加目录，记明每个账户的名称和页次。

实行会计电算化的单位，总分类账和明细分类账应当定期打印。发生收款和付款业务的，在输入收款凭证和付款凭证的当天必须打印出现金日记账和银行存款日记账，并与库存现金核对无误。用计算机打印的会计账簿必须连续编号，经审核无误后装订成册，并由记账人员和会计机构负责人、会计主管人员签字或者盖章。开始使用账簿时，要贴足印花税票，总分类账按注册资本5‰，明细账每本贴5元印花税。

（二）账簿登记规则

会计人员应当根据审核无误的会计凭证登记会计账簿。登记账簿的基本要求有以下几点：

1）登记会计账簿时，应当将会计凭证日期、编号、业务内容摘要、金额和其他有关资料逐项记入账内；做到数字准确、摘要清楚、登记及时和字迹工整。

2）登记完毕后，要在记账凭证上签名或者盖章，并注明已经登账的符号，表示已经记账。

3）账簿中书写的文字和数字上面要留有适当空格，不要写满格；一般应占格距的1/2。

4）登记账簿要用蓝黑墨水或者碳素墨水书写，不得使用圆珠笔（银行的复写账簿除外）或者铅笔书写。

5）下列情况，可以用红色墨水记账。

① 按照红字冲账的记账凭证，冲销错误记录。

② 在不设借贷等栏的多栏式账页中，登记减少数。

③ 在三栏式账户的余额栏前，如未印明余额方向的，在余额栏内登记负数余额。

④ 根据国家统一会计制度的规定可以用红字登记的其他会计记录。

6）各种账簿按页次顺序连续登记，不得跳行、隔页。如果发生跳行、隔页，应当将空行、空页划线注销，或者注明“此行空白”“此页空白”字样，并由记账人员签名或者盖章。

7）凡需要结出余额的账户，结出余额后，应当在“借或贷”等栏内写明“借”或者“贷”等字样。没有余额的账户，应当在“借或贷”等栏内写“平”字，并在余额栏内用“0”表示。现金日记账和银行存款日记账必须逐日结出余额。

8）每一账页登记完毕结转下页时，应当结出本页合计数及余额，写在本页最后一行和下页第一行有关栏内，并在摘要栏内注明“过次页”和“承前页”字样；也可以将本页合计数及金额只写在下页第一行有关栏内，并在摘要栏内注明“承前页”字样。对需要结计本月发生额的账户，结计“过次页”的本页合计数应当为自本月初起至本页末止的发生额合计数；对需要结计本年累计发生额的账户，结计“过次页”的本页合计数应当为自年初起至本页末止的累计数；对既不需要结计本月发生额也不需要结计本年累计发生额的账户，可以只将每页末的余额结转次页。

9）会计年度开始，必须更换新账，根据业务量大小选择适当的账簿。

10）账簿必须到企业所在地税务机关购买，税务局在账簿第一页加盖印章。账簿要保持账面整洁，要保证账页完整。

（三）日记账的设置与登记

日记账一般分为普通日记账和特种日记账两种。现金日记账、银行存款日记账是常用的两种特种日记账。

1. 现金日记账的设置和登记方法

现金日记账由出纳人员按照经济业务发生的时间先后顺序，根据有关现金收款凭证和现金付款凭证或提取现金的银行存款付款凭证，逐日逐笔进行登记的账簿。现金日记账通常使用订本式账簿，采用设有“借方（或收入）”“贷方（或支出）”“余额（或结余）”三栏式结构的账页。

每日，出纳人员依据审核无误的现金收款凭证、付款凭证和银行存款付款凭证逐笔登记现金日记账，并结出余额，每日终了应将余额与库存现金进行核对，以检查账实是否相符，做到日清月结。

2. 银行存款日记账的设置和登记方法

银行存款日记账是出纳人员根据有关银行的收款凭证、付款凭证和现金付款凭证，按照经济业务发生的时间顺序，逐日逐笔进行登记的账簿，以记录和反映银行存款的增减变化及其结果。银行存款日记账通常使用订本式账簿，采用设有“借方（或收入）”“贷方（或支出）”“余额（或结余）”三栏式结构的账页。

登记银行存款日记账时，由出纳人员根据有关银行存款的收款凭证、付款凭证和现金付款凭证，分别填写“年、月、日”“凭证编号”“摘要”各栏。“结算方式”根据所发生的经济业务的结算凭证的种类和编号填写。“借方”栏根据银行存款收款凭证或现金付款凭证合计行金额填写，“贷方”栏根据银行存款付款凭证合计行金额填写，“余额”栏根据借方或贷方金额计算填列，其结果表示银行存款的结存数额。期末，应将本单位的银行存款日记账与开户银行转来的对账单进行逐笔核对，以检验企业银行存款日记账的记录是否正确。

（四）总分类账的设置和登记方法

总分类账简称总账，它是分类、连续记录经济业务总括情况的账簿。通过总账可以集中、全面地反映经济活动的总体情况，为进一步进行会计核算提供总括的信息资料。总分类账通常采用三栏式账页，其基本结构为“借方”“贷方”“余额”三栏。

总分类账登记方法：会计人员可以直接根据记载经济业务的收款凭证、付款凭证、转账凭证及所附原始凭证逐日逐笔进行登记；也可以按不同的汇总方法，定期将有关的记账凭证进行归类汇总，编制成“记账凭证汇总表（科目汇总表）”或“汇总记账凭证”，然后再根据记账凭证汇总表或汇总记账凭证在相应的总分类账簿中进行登记。总分类账中各栏所记内容应该与记账凭证或记账凭证汇总表（或汇总记账凭证）内各项目记载内容吻合，并及时结算出余额。根据记账凭证汇总表或汇总记账凭证进行登记时，在总账“摘要”栏注明“根据×

月×日至×月×日记账凭证汇总表（或汇总记账凭证）”。

（五）明细分类账的设置和登记方法

明细分类账提供详细、具体的会计核算资料，对总分类账中记载的总括资料起补充、辅助作用。通常对财产物资、债权、债务、收入、费用等总分类账户按照经济活动的实际需要设置相应的明细分类账。

根据经济活动的特点及记录内容的需要，明细分类账可采用三栏式账页、数量金额式账页、多栏式账页进行登记。

1. 三栏式明细分类账

三栏式明细分类账的格式与总分类账相同，适用于“应收账款”“应付账款”“短期借款”“长期借款”等只需要对金额进行核算分析的经济业务。

2. 数量金额式明细分类账

数量金额式明细分类账适用于如“原材料”“库存商品”等既需要进行金额核算，又需要进行具体的实物数量核算分析的经济业务。登记数量金额式明细分类账时，首先将明细科目名称、实物单位、规格、编号等填入对应的项目内。经济业务发生后，根据有关记账凭证及所附的原始凭证上记载的具体内容，登记明细账科目的增减数量、单价，并计算出总金额，然后按照选定的核算方法计算出结余的数量、单价和金额。

3. 多栏式明细分类账

多栏式明细分类账一般在“借方”或“贷方”栏下设立若干专栏，也可在借、贷双方栏下分别设立若干栏，以便具体、详细地记录反映某项资金的增减变动情况。多栏式明细分类账适用于成本、费用等需要详细核算、分析其组成、消耗情况的经济业务。

（六）总分类账与明细分类账的平行登记

所谓平行登记就是对于发生的每一项经济业务，根据会计凭证（包括原始凭证和记账凭证），一方面要在有关总分类账户中进行总括登记，另一方面又要在其所属的明细分类账户中进行详细登记（没有明细分类账户的除外）。平行登记的要点可概括为以下三点：

1）平行登记的金额相等。

2）平行登记的方向一致。

3）平行登记的期间和依据相同。

总分类账户与所属明细分类账户本期发生额及余额平衡关系为：

总分类账户本期借（或贷）方发生额＝所属明细分类账户本期借（或贷）方发生额之和

总分类账户期末借（或贷）方余额＝所属明细分类账户本期借（或贷）方余额之和

在会计实务工作中，根据总分类账户与其所属明细分类账户之间的这种平衡关系，通过编制“明细分类账户本期发生额及余额平衡表”，来检查总分类账户和所属明细分类账户的记录是否正确。平衡表的格式和内容如表2－61所示。

表2－61　　总分类账户与明细分类账户发生额及余额平衡表

账户名称	期初余额		本期发生额		期末余额	
	借方	贷方	借方	贷方	借方	贷方
明细分类账户						
明细分类账户						
总分类账户						

三、实验设计

会计账簿的具体使用要求如下：

1）启用账簿或调换记账人员时应在账簿的“使用登记表”内逐项填写启用及交接记录。使用登记表中的“账簿页数”项，应于年末结账后填写实际使用的账簿页数；使用登记表中的“印鉴”项，应盖使用单位的“财务章或财务专用章”；会计账簿购买的印花税票，应粘贴在账簿使用登记表中的“印花税票”项内。

2）登记账簿时要用蓝黑墨水笔或碳素笔书写，不得使用铅笔或圆珠笔；红色墨水笔只能用于改错、冲账、结账划线等；年度结束立卷归档时，应将与账簿无关的字迹清除。

3）会计账簿必须根据审核无误的记账凭证及其所附的原始凭证逐项登记。月末对账时，应在记账凭证和会计账簿上注明“√”符号，表示已经记账。银行存款日记账和现金日记账上注明的“√”符号，年末归档时不再清除。

4）账簿中的文字和数字不要写满格，一般应占格高的1/2，留有划线改错的余地。

5）登记账簿时，凡需要登记会计科目，必须填列会计科目全称；如使用会计科目印章的，应使用蓝色印油。

6）各种账簿应连续记载会计事项。每一账页记载完毕时，应在该账页的最后行摘要栏内注明“过次页”字样，结出合计数和余额；并将合计数和余额记入下一页第一行有关栏内，在摘要栏内注明“承前页”字样。

7）各种账簿月末结账时，应在记录最后一笔经济业务所在行结计月末余额，并加盖“借、贷、平”方向印章。

8）账簿记录不得刮擦、挖补或用褪色水更改字迹，发生错误时应用“划线更正法或红字冲销法”等进行更正。

四、实验设计用品

1）三栏式现金日记账。

2）三栏式银行存款日记账。

3）各种原始凭证、记账凭证、总分类账账页、明细分类账账页。

五、实验设计步骤和程序

1）设置各种账户并登记期初余额。按应收、应付款的明细项目或单位设置应收账款、应付账款明细分类账；按材料品种、规格设置原材料明细分类账；按费用项目设置管理费用明细分类账，并相应地登记各明细账户的期初余额。

2）根据实验设计所编制的收款凭证和付款凭证，逐日逐笔登记现金日记账和银行存款日记账，并进行结账。

3）正确登记各种明细账。根据有关应收、应付款的记账凭证及所附的原始凭证逐日逐笔登记应收账款、应付账款明细分类账，并逐笔结出余额；根据原材料收、发的凭证登记原材料明细分类账。

4）根据平行登记的要求，检查总分类账户与其所属明细分类账的平衡关系是否成立，并编制发生额及余额试算平衡表。

六、实验设计时间

实验设计时间为 4 学时。

七、实验设计资料

【资料 1】

西飞机械制造有限责任公司子公司紫薇公司 2018 年 12 月 1 日现金日记账、银行存款日记账余额情况如三栏式账页所示。

要求：

1）根据资料编制的有关收付款凭证，逐日逐笔登记三栏式现金日记账和银行存款日记账（见表 2－62 和表 2－63），按月汇总采用科目汇总表核算形式登记现金、银行存款总账（见表 2－64 和表 2－65），并进行结账。

2）登记账簿前，指导老师应向学生强调账簿登记的基本要求，使学生能够按记账规则登记账簿。

3）登记账簿前要求学生对编制的收付款凭证交换审核，确保账簿登记的准确性。

表 2－62　　现金日记账

本账页　次

2018年		凭证		摘要	收入									支出									借或贷	结余								
月	日	种类	编号		百	十	万	千	百	十	元	角	分	百	十	万	千	百	十	元	角	分		百	十	万	千	百	十	元	角	分
12	1			期初余额																			借									

表 2－63　　　　银行存款日记账

本账页　次

2018年		凭证		摘要	收入									支出									借或贷	结余								
月	日	种类	编号		百	十	万	千	百	十	元	角	分	百	十	万	千	百	十	元	角	分		百	十	万	千	百	十	元	角	分
12	1			期初余额																			借									

表 2－64　　总分类账户

科目：库存现金　　本账页　次

2018年		凭证		摘要	借方									贷方									借或贷	余额								
月	日	种类	编号		百	十	万	千	百	十	元	角	分	百	十	万	千	百	十	元	角	分		百	十	万	千	百	十	元	角	分

表 2－65　　总分类账户

科目：银行存款　　本账页　次

2018年		凭证		摘要	借方									贷方									借或贷	余额								
月	日	种类	编号		百	十	万	千	百	十	元	角	分	百	十	万	千	百	十	元	角	分		百	十	万	千	百	十	元	角	分

【资料 2】

西飞机械制造有限责任公司 2018 年 12 月 1 日往来账明细。

要求：

1）根据 12 月资料登记三栏式“应收账款”“应付账款”明细分类账。

2）采用记账凭证核算形式登记“应收账款”“应付账款”总账，并将总账及所属明细分类账的余额进行核对。

具体账务处理如表 2－66～表 2－73 所示。

表 2－66　　明细分类账户

科目：　　本账页　次

2018年		凭证		摘要	借方									贷方									借或贷	余额								
月	日	种类	编号		百	十	万	千	百	十	元	角	分	百	十	万	千	百	十	元	角	分		百	十	万	千	百	十	元	角	分

表 2－67

明细分类账户

科目：　　　　　　　　　　　　　　　　　　　　　　　　　　　本账页　次

2018年		凭证		摘要	借方									贷方									借或贷	余额								
月	日	种类	编号		百	十	万	千	百	十	元	角	分	百	十	万	千	百	十	元	角	分		百	十	万	千	百	十	元	角	分

表 2－68

总分类账户

科目：　　　　　　　　　　　　　　　　　　　　　　　　　　　本账页　次

2018年		凭证		摘要	借方									贷方									借或贷	余额								
月	日	种类	编号		百	十	万	千	百	十	元	角	分	百	十	万	千	百	十	元	角	分		百	十	万	千	百	十	元	角	分

表 2－69

总分类账户与明细分类账户发生额及余额对照表

账户名称	期初余额		本期发生额		期末余额	
	借方	贷方	借方	贷方	借方	贷方
明细分类账						
明细分类账						
总分类账户						

表 2－70

明细分类账户

科目：

本账页 次

2018年		凭证		摘要	借方									贷方									借或贷	余额								
月	日	种类	编号		百	十	万	千	百	十	元	角	分	百	十	万	千	百	十	元	角	分		百	十	万	千	百	十	元	角	分

表 2－71

明细分类账户

科目：

本账页 次

2018年		凭证		摘要	借方									贷方									借或贷	余额								
月	日	种类	编号		百	十	万	千	百	十	元	角	分	百	十	万	千	百	十	元	角	分		百	十	万	千	百	十	元	角	分

表 2－72

总分类账户

科目：

本账页 次

2018年		凭证		摘要	借方									贷方									借或贷	余额								
月	日	种类	编号		百	十	万	千	百	十	元	角	分	百	十	万	千	百	十	元	角	分		百	十	万	千	百	十	元	角	分

表 2－73　　总分类账户与明细分类账户发生额及余额对照表

账户名称	期初余额		本期发生额		期末余额	
	借方	贷方	借方	贷方	借方	贷方
明细分类账						
明细分类账						
总分类账户						

【资料 3】

西飞机械制造有限责任公司对原材料的日常核算按实际成本计价，并采用永续盘存制，原材料的发出成本和期末原材料成本，按月末一次加权平均法计算。原材料按品种设置明细分类账。

2018 年 12 月初原材料明细分类账的余额情况如表 2－74 所示。

表 2－74　　原材料明细分类账期初余额表

2018 年 12 月 1 日

品　种	计量单位	规　格	数　量	单　价	余　额
合　计					

要求：

1）根据 12 月份有关业务的原始凭证和记账凭证及收发料原始凭证登记“原材料”总分类账及所属明细分类账，并进行结账，掌握数量金额式明细分类账登记方法。

2）检查“原材料”总分类账户与所属明细分类账户是否相符。

具体账务处理如表 2－75 ~ 表 2－78 所示。

表 2－75　　原材料明细账

类别：（略）　　编号：*K7621*

计量单位：吨　　名称及规格：　　最高储备量：（略）

存放地点：2 号库　　储备定额：（略）　　最高储备量：（略）

2018 年		凭证		摘　要	收入			发出			结存		
月	日	种类	编号		数量	单价	金额	数量	单价	金额	数量	单价	金额
				期初余额									

表 2－76

原材料明细账

类别：（略）　　　　　　　　　　　　　　　　　　　　　　　　编号：K7622

计量单位：吨　　　　　　名称及规格：　　　　　　　　最高储备量：（略）

存放地点：1 号库　　　　储备定额：（略）　　　　　　最高储备量：（略）

2018 年		凭证		摘要	收入			发出			结存		
月	日	种类	编号		数量	单价	金额	数量	单价	金额	数量	单价	金额
				期初余额									

表 2－77

总分类账户

科目：原材料　　　　　　　　　　　　　　　　　　　　　　　　本账页　次

2018 年		凭证		摘要	借方									贷方									借或贷	余额								
月	日	种类	编号		百	十	万	千	百	十	元	角	分	百	十	万	千	百	十	元	角	分		百	十	万	千	百	十	元	角	分

表 2－78

总分类账户与明细分类账户

发生额及余额对照表

账户名称	期初余额		本期发生额		期末余额	
	借方	贷方	借方	贷方	借方	贷方

【资料 4】

要求：根据 12 月份西飞机械制造有限责任公司管理费用的发生情况及有关凭证资料，登记“管理费用”明细分类账。掌握借方多栏式明细账的登记方法。管理费用明细分类账项目包括职工薪酬、办公费、折旧费、差旅费、保险费、招待费、培训费、水电费和其他。管理费用明细账如表 2－79 所示。

表 2－79 管理费用明细账

年		凭证		摘要	借方								贷方	余额
月	日	种类	编号		职工薪酬	办公费	折旧费	差旅费	招待费	保险费	其他	合计		

实验设计六　更正错账

一、实验设计目标

账簿记录发生错误时，不准涂改、挖补、刮擦或者用药水消除字迹，不准重新抄写，只能按照规定的改错方法进行更正，通过本项实验设计使学生掌握错账更正的方法，并能对发生的错账选择正确的方法加以更正。

二、实验设计指南（特别提示）

（一）产生错账的原因

1）记账凭证填制错误，导致账簿登记错误。主要表现为记录内容有误、计算错误、会计科目错误、借贷方向错误、借贷金额有误等。

2）记账凭证没有错误，但账簿登记错误（笔误）。主要表现为账簿记录出现重记、漏记、混记和错记等情况。

（二）查找错账的方法

一般情况下，如果发生了错账，应采取以下措施查找：

1）计算出差错的数额。

2）综合各种有关情况，确定可能出现差错的范围。

3）确定查找的线索，采用适当的方法予以查错。

主要查错方法有六种，即逆查法、顺查法、抽查法、差数法、差额“除二法”和“除九法”。

1. 逆查法

逆查法是按与账务处理相反的顺序，沿着“试算→结账→过账→制证”逆账处理程序，从后向前进行核对的方法。具体步骤如下：

1）检查试算平衡表中本期发生额及期末余额的计算是否正确。

2）逐笔复核账簿记录是否与记账凭证相符，检查过账有无错误。

3）检查记账凭证与原始凭证的记录是否相符，检查记账凭证的填制是否正确。

该方法是实际工作中常用的查错方法。

2. 顺查法

顺查法是按账务处理的顺序，沿着“制证→过账→结账→试算”的账务处理程序，从头到尾进行全面核对的方法。具体步骤如下：

1）检查记账凭证和所附原始凭证记录的内容是否相符、计算有无错误等。

2）将记账凭证和所附原始凭证与有关总分类账、日记账和明细分类账逐项进行核对。

3）结算各个账户的发生额及期末余额，检查有无计算错误。

4）检查试算平衡表是否抄错。

3. 抽查法

抽查法是抽取账簿记录中的某些部分进行局部检查的方法。当发现账簿记录有了差错，可以根据差错的具体情况进行抽查。如果差错数字只是角位、分位或者只是整数，就可以缩小查找范围，专查角位、分位或整数位数字，其他数字则不必一一检查。

4. 差数法——漏记、重记金额的查找方法

差数法是根据错账的金额差数去查找漏记、重记金额的一种方法。具体讲，如果登记了某项经济业务的一部分，或在计算账户余额时漏记、重记了一项记录，于是就漏记、重记一笔金额，所导致的差数就等于被漏记、重记项目金额。

例如，现金日记账余额为 4 580 元，总账中现金账户的余额为 4 500 元，相差 80 元。可直接根据账面数（现金日记账余额）与核对数（总账中现金账户的余额）的差额来查找记重账时，可从账簿记录中查找，如果发现同一账户记录中，有两个数相同并与这个差额（80 元）相等。其中一个数可能是重记的数字。漏记时，可在记账凭证中直接查找 80 元的经济业务，看是否漏记。

5. 差额“除二法”——借贷方向记反的查找方法

如果在记账过程中出现错将借方金额记录在贷方或相反情况，则必然会出现一方（借方或贷方）合计数增多，而另一方（贷方或借方）合计数减少的现象。其差额应是记错方向金额数字的两倍，而且差错数必为偶数。对于这种错误的查找，则可采用“除二法”。即用差错数除以 2，得出的商数就是账中记错方向的数字。这样，在账目中去寻找差错的数字就有了一定的目标，而不必逐笔查找。例如，某月总分类账户借方发生额合计数比贷方发生额合计数大 1 000 元，用 1 000除以 2，等于 500 元，则在总分类账户中去查找是否有一笔记录金额为 500 元的业务，错将贷方金额登记在了借方；又如，原有原材料库存 6 000 元，又入库1 000元，应在“原材料”账户借方登记 1 000 元，期末余额应是 7 000 元，结果记在“原材料”贷方 1 000 元，致使期末余额只有 5 000 元，相差 2 000 元，用这个差额数字（2 000）除以 2，商数是 1 000 元，便是该错数。查找时应注意有无 1 000 元的业务记反了方向。由此可见，“除二法”是查找出现方向记反错误的有效方法。

6. “除九法”——数字错位和邻数倒置的查找方法

“除九法”是通过将差数除以 9 来检查错账的方法。

1）数字错位情况。

如果差错的数额较大，就应检查是否在记账时发生了数多错位。因为在登账过程中，可能会把数字的位数搞错，如把十位数错记为百位数，或者错将千位数记成百位数等。出现错位这种错误情况，其差数均可被 9 整除，其商数就是要查找的差错数。如果是大数记成了小数，例如 52 830 误记为 5 283，差数 47 547，除以 9 后，商为 5 283，你就可以在账簿上查找是否将 52 830 误记为 5 283；如果是小数记成了大数，例如，420 误记为 4 200，差数为 3 780，除以 9 后，商为 420，将 420 乘 10 后得 4 200，你就可以在账簿中查找是否将 420 误记为 4 200 的情况。又如，某笔记录将 1 000 元错记为 100 元，其差数为 -900，将差数被 9 除，商数为 -100 元，则应在账目记录中去查找是否有将 1 000 元错记成 100 元的记录；同理，若出现将 100 元错记为 1 000 元，其差数为 +900 元，用 9 去除，商数为 +100 元，则应在总账记录中查找是否有将 100 元错记成 1 000 元的记录。

2）邻数倒置的情况。

邻数倒置即将一笔金额中相邻的两位数字或相邻的三位数字记颠倒的错误。这种错误，也可以采用“除九法”进行查找。同样是用差数除以 9，也为整数。然后在账簿记录中检查是否出现数字颠倒的错误。如将 52 误记为 25，或将 25 误记为 52，两个数字颠倒后，个位数变成了十位数，十位数变成了个位数，这就造成了差额为 9 的倍数。

如果前大后小颠倒为前小后大，正确与错误的数的差额就是一个正数，这个差数除以 9 所得商的有效数字便是相邻颠倒两数的差值。如将 52 错记为 25，差数 27 除以 9 的商数为 3，这就是相邻颠倒两数的差值（5 - 2）。如果前小后大颠倒为前大后小，正确数与错误数的差数则是一个负数，这个差数除以 9 所得商数的有效数字就是相邻颠倒两数的差值，如将 25 错误记为 52，差记数 -27 除以 9 的商为 -3，这就是相邻颠倒两数差值（2 - 5）。我们可以从与差值相同的两个相邻数范围内去查找，这样就缩小了查找范围。例如，将金额 89 元记为 98 元，差数为 9，用 9 去除，商数为 1；又如，将金额 386 元记为 638 元，差数为 252 元，然后用 9 去除，商数为 28 。因此，“除九法”不仅适用于错位的查找，也适用于邻数倒置的查找。

（三）错账更正的规则

错账更正的方法一般包括三种，即划线更正法、红字更正法、补充登记法。

1. 划线更正法

在结账前核查时，发现记账凭证填制无误而账簿记录由于会计人员不慎出现笔误或计算失误，造成账上文字或数字错误，此种错账可采用“划线更正法”。

划线更正法的具体做法是：

1）在错误的文字或全部数字正中划一条红线，表示错误内容已被注销。

2）应保持原记录文字或数字的内容清晰易于辨认。

3）将正确的文字或数字用蓝、黑色墨水书写在被注销的文字或数字上端的空白处。

4）由记账人员在更正处签章。以保证以后会计核算的正确，同时明确相关人员责任。更正时须注意：若是文字写错，可以只更正个别错字；若是数字写错，必须将错误数字全部注销，不能只更正该数字中的个别错误数字。

2. 红字更正法

红字更正法又称红字冲销法、赤字冲销法。当出现以下两种情形之一时，可采用红字更正法：

1）在记账后，经核对发现原记账凭证上会计科目名称写错或应借、应贷的方向记错而造成账簿记录错误。

2）在记账或结账以后，在核对时发现原记账凭证上所记载的金额大于经济业务的实际金额，造成账簿记录中金额错误。

红字更正法的具体做法是，当核对发现原记账凭证所用的会计科目或应借、应贷方向记录有误并已据此登记入账，更正如下：

1）用红字填写一张与原错误记账凭证内容相同、金额相同的记账凭证，据此再登记账簿（红字），在摘要栏说明“冲销×月× 日× 号凭证”。填制日期，写更正日期；凭证编号，接本日已编凭证分号填写。将原有错误记录冲销。

2）以蓝字填制一张正确的记账凭证，其中摘要栏写“订正×月×日×号凭证”字样；凭证编号，接上述更正错账的凭证编号，将正确内容记载下来。

3）把更正错账的记账凭证交给审核人审核签名后，据以按凭证分号顺序登记入账，其中凭证上的金额是红字的，以红字金额登记入账（其他内容均以蓝字登记）。

记账后，发现原记账凭证和账簿上所记金额大于应记金额时用红字更正的程序与方法如下：

1）填制一张凭证种类和科目与原错误的记账凭证相同，但金额为多记部分而且是红字的记账凭证。摘要栏，写“冲销×月×日×号凭证多记金额”字样。

2）经审核人审核签字，以红字金额登记入账。

3. 补充登记法

在记账或结账以后，经核对发现记账凭证中使用的会计科目，应借、应贷方向没有错误，只是所记金额小于应记金额，并已据此登记入账，造成账簿记录相应出错，对这种类型的错账，可使用补充登记法。

补充登记法的具体做法是，核对时发现记账凭证上记载的金额小于经济业务的实际金额，并已在相应的账簿中记载下来，此时可按照少记的金额，填写一张与原记账凭证中的会计科目和应借、应贷方向完全相同的记账凭证，在“摘要”栏注明，“补充×月×日×号凭证少记金额”，以此凭证过入相应的账簿中，在账簿的“摘要”栏注明“补充×月×日少记金额”。

三、实验设计

1）错账的更正程序与方法如下：

① 过账笔误用划线更正的程序与方法。

② 记账后，发现原记账凭证和账簿上科目有误时用红字更正的程序与方法。

③ 记账后，发现原记账凭证和账簿上所记金额大于应记金额时用红字更正的程序与方法。

④ 记账后，发现原记账凭证和账簿上所记金额小于应记金额时用补充登记的程序与方法。

2）分别采用划线更正法、红字更正法和补充登记法更正错账。

3）对所有改错记账凭证，应按统一“改错 1 号”“改错 2 号”“改错 3 号”……进行编号，可以不附附件。

四、实验设计用品

原始凭证、记账凭证、总分类账账页和明细分类账账页。

五、实验设计步骤和程序

1）审核原始凭证和记账凭证，并进行账证核对，以检查账簿记录是否正确。

2）对查出的记账错误，要采用规定的方法更正。

3）结出更正后的账户余额。

六、实验设计时间

实验设计时间为 2 学时。

七、实验设计资料

西飞机械制造有限责任公司 2018 年 11 月份有四笔经济业务的原始凭证、记账凭证及账簿的登记情况如下所示。

1）11 月 10 日，生产 A 产品领用圆钢。领料单如表 2－80 所示，转账凭证如表 2－81 所示。

表 2－80

（西飞机械制造有限责任公司）

领 料 单

领料单位：安装车间　　　　编号：23670

用　　途：生产 A 产品　　2018 年 11 月 10 日　　仓库：1 号库

材料编号	材料名称及规格	计量单位	数量		单价	金额
			请领	实发		
0021	圆钢	吨	6	6	1 500	9 000.00
合　计			6	6		9 000.00

记账：王琪　　发料：李容　　领料：李丹

表 2－81

转账凭证

2018 年 11 月 10 日　　转字 4 号

摘　要	科目名称		借方金额								贷方金额								记　账
	总账科目	明细科目	十	万	千	百	十	元	角	分	十	万	千	百	十	元	角	分	
领用材料	制造费用	A 产品			9	0	0	0	0	0									√
	原材料	螺纹钢											9	0	0	0	0	0	√
合计金额				¥	9	0	0	0	0	0		¥	9	0	0	0	0	0	

附件 1 张

会计主管：王颖　　记账：　　复核：王琪　　制单：王薇

2）11 月 10 日，以现金购买复印纸。发票如表 2－82 所示，付款凭证如表 2－83所示。

表 2－82

北京市商业企业专用发票

发　票　联

11100052101

客户名称：西飞机械制造有限责任公司　　支票号：　　№ 46789

编号	商品名称	规格	单位	数量	单价	金额							
						十	万	千	百	十	元	角	分
	复印纸	A4	箱	10	20				2	0	0	0	0
小写金额合计								¥	2	0	0	0	0
大写金额	⊗拾⊗万⊗仟贰佰零拾零元零角零分												

开票单位（盖章有效）　　开票人：吴胜　　2018 年 11 月 10 日

表 2－83

付款凭证

贷方科目：库存现金　　　　2018 年 11 月 10 日　　　　现付字 10 号

摘　要	借方总账科目	明细科目	金额									记　账	
			百	十	万	千	百	十	元	角	分		
办公用品（复印纸）	管理费用	办公费					2	0	0	0	0	√	附件1张
合计金额						¥	2	0	0	0	0		

会计主管：王颖　　记账：　　复核：王琪　　制单：王薇　　出纳：王薇

3）11 月 10 日，职工张华去郑州出差借款。借款单如表 2－84 所示，付款凭证如表 2－85 所示。

表 2－84

借　款　单

2018 年 11 月 10 日　　　　单位：元

工作部门	采购部		姓　名	张扬	
借款理由	去郑州采购材料				
借款金额	¥3 000.00		批准金额	¥3 000.00	
人民币（大写）	叁仟元整			付款方式	现金
借款人签字	张华	财务经理	王颖	单位领导审批	王盟

表 2－85

付款凭证

贷方科目：库存现金　　　　2018 年 11 月 10 日　　　　现付字 11 号

摘　要	借方总账科目	明细科目	金额									记　账	
			百	十	万	千	百	十	元	角	分		
职工预借差旅费	其他应收款	张扬					3	0	0	0	0	√	附件1张
合计金额						¥	3	0	0	0	0		

会计主管：王颖　　记账：　　复核：王琪　　制单：王薇　　出纳：王薇

4）11 月 10 日，销售废料一批。发票如表 2－86 所示，付款凭证如表 2－87 所示。

表 2－86

北京市工业企业专用发票

记　账　联

111000412022

客户名称：兴业废品收购站　　　　支票号：　　　　№ 432660

编　号	商品名称	规格	单位	数量	单价	金额							
						十	万	千	百	十	元	角	分
	废钢		千克	1 000	1.50			1	5	0	0	0	0
小写金额合计							¥	1	5	0	0	0	0
大写金额	壹仟伍佰元整												

开票单位（发票专用章）　　　　开票人：和平　　　　2018 年 11 月 10 日

表 2－87　　　　　　　　　　　　收款凭证

借方科目：库存现金　　　　　2018 年 11 月 10 日　　　　　现收字 12 号

摘　要	贷方总账科目	明细科目	金额 百十万千百十元角分	记　账
售废料	其他业务收入		100000	√
合计金额			¥100000	

附件 1 张

会计主管：王颖　　记账：　　复核：王琪　　制单：王薇　　出纳：王薇

具体账务处理如表 2－88～表 2－97 所示。

表 2－88　　　　　　　　　　　　总分类账户

科目：库存现金

2018 年 月	日	凭证 种类	编号	摘　要	借方 百十万千百十元角分	贷方 百十万千百十元角分	借或贷	余额 百十万千百十元角分
11	1			期初余额			借	410000
	10	现付	10	购买办公用品		20000	借	390000
	10	现付	11	职工借差旅费		30000	借	360000
	10	现收	12	销售废料一批	100000		借	460000

表 2－89　　　　　　　　　　　　总分类账户

科目：制造费用

2018 年 月	日	凭证 种类	编号	摘　要	借方 百十万千百十元角分	贷方 百十万千百十元角分	借或贷	余额 百十万千百十元角分
11	10	转	4	领用材料	900000			

表 2 -90

总分类账户

科目：原材料

2018年 月	日	凭证 种类	凭证 编号	摘要	借方（百十万千百十元角分）	贷方（百十万千百十元角分）	借或贷	余额（百十万千百十元角分）
11	1			期初余额			借	10000000
	10	转	4	生产领用材料		900000	借	9100000

表 2 -91

总分类账户

科目：管理费用

2018年 月	日	凭证 种类	凭证 编号	摘要	借方（百十万千百十元角分）	贷方（百十万千百十元角分）	借或贷	余额（百十万千百十元角分）
11	8			承前页	200000			
	10	现付	10	购买办公用品	200000			

表 2 -92

总分类账户

科目：其他应收款

2018年 月	日	凭证 种类	凭证 编号	摘要	借方（百十万千百十元角分）	贷方（百十万千百十元角分）	借或贷	余额（百十万千百十元角分）
11	1			期初余额			借	120000
	10	现付	12	职工出差借款	330000		借	150000

表 2－93 **总分类账户**

科目：其他业务收入

2018年		凭证		摘要	借方									贷方									借或贷	余额								
月	日	种类	编号		百	十	万	千	百	十	元	角	分	百	十	万	千	百	十	元	角	分		百	十	万	千	百	十	元	角	分
11	5	转		收取租金													4	0	0	0	0	0										
	10	现收	11	销售废料一批													1	0	0	0	0	0										

表 2－94 **总分类账户**

科目：

2018年		凭证		摘要	借方									贷方									借或贷	余额								
月	日	种类	编号		百	十	万	千	百	十	元	角	分	百	十	万	千	百	十	元	角	分		百	十	万	千	百	十	元	角	分

表 2－95 **总分类账户**

科目：

2018年		凭证		摘要	借方									贷方									借或贷	余额								
月	日	种类	编号		百	十	万	千	百	十	元	角	分	百	十	万	千	百	十	元	角	分		百	十	万	千	百	十	元	角	分

表 2－96 **总分类账户**

科目：

2018年		凭证		摘 要	借 方									贷 方									借或贷	余 额								
月	日	种类	编号		百	十	万	千	百	十	元	角	分	百	十	万	千	百	十	元	角	分		百	十	万	千	百	十	元	角	分

表 2－97 **总分类账户**

科目：

2018年		凭证		摘 要	借 方									贷 方									借或贷	余 额								
月	日	种类	编号		百	十	万	千	百	十	元	角	分	百	十	万	千	百	十	元	角	分		百	十	万	千	百	十	元	角	分

要求：

1）根据上述资料，采用正确的方法对错账进行更正。

2）实验设计前，指导老师应给学生讲授错账更正方法的有关知识，使学生能用正确的方法进行更正。

3）实验设计中，要对每笔经济业务的原始凭证与记账凭证，记账凭证与账簿记录进行核对，指出存在的错误，说明应采用的更正方法，并进行更正。

实验设计七　银行存款余额调节表的编制

一、实验设计目标

通过实验设计使学生掌握银行存款清查、银行存款余额调节表的编制方法。

二、实验设计指南（特别提示）

银行存款的清查，是通过与开户银行核对账目的方法进行。在同银行核对账目之前，应先检查本单位银行存款日记账的正确性和完整性，然后将企业银行存款日记账与银行对账单逐笔进行核对。核对的内容包括：收付款金额，结算凭证的种类和号数，收入的来源，支出的用途，发生时间以及存款余额等。核对结果，如果二者余额一致，说明双方记账没有错误。如果不一致，有两种情形：一是由于某一方记账有错误，应及时查明更正；二是存在未达账项。所谓未达账项是指企业与银行之间对于同一业务，由于取得凭证的时间不同，致使记账时间不一致而发生一方已记账，而另一方尚未登记入账的款项。未达账项有以下四种情况：

1）企业已收款入账，银行未收款入账。

2）企业已付款入账，银行未付款入账。

3）银行已收款入账，企业未收款入账。

4）银行已付款入账，企业未付款入账。

如果有未达账项存在，使企业银行存款日记账余额与银行对账单余额不符，应编制补记式“银行存款余额调节表”，对未达账项进行调节。如果调节后双方的余额相等，则说明双方记账均没错误；如果调节后双方余额仍不等，则可能某一方记账有错误。

“银行存款余额调节表”的编制方法是：企业与银行双方都在各自存款余额的基础上，加上对方已收，本单位未收款，减去对方已付，本单位未付款。计算公式为：

企业银行存款日记账调节后余额 = 企业银行存款日记账余额 + 银行已收企业未收金额 − 银行已付企业未付金额

银行对账单调节后余额 = 银行对账单余额 + 企业已收银行未收金额 − 企业已付银行未付金额

银行存款余额调节表不是原始凭证，只起对账的作用，不能据以登记账簿。调节后余额，是企业当时实际可以动用的款项。

企业银行存款日记账与银行对账单至少每月核对一次，出纳员应在月末 3 日内核对完毕，每月编制一次银行存款余额调节表，会计主管人员每月至少检查一次，并写出书面检查意见。银行存款余额调节表如表 2 −98 所示。

表 2 −98　　银行存款余额调节表

年　月　日　　单位：元

项目	金额	项目	金额
银行对账单余额 加：企业已收银行未收款 减：企业已付银行未付款		企业银行存款日记账余额 加：银行已收企业未收款 减：银行已付企业未付款	
调节后存款余额		调节后存款余额	

三、实验设计

1）银行存款清查前应先检查本单位银行存款日记账的正确性和完整性，如发现本单位记账有错误，应及时更正、补记。

2）按月到银行索取银行存款对账单，并与企业的银行存款日记账逐笔进行核对，检查是否存在未达账项。清查人员应确认出哪些事项属于未达账项，然后根据被确认的未达账项编制银行存款余额调节表，从而确定双方记账有无差错。

3）如果经过余额调节，双方余额相等，说明双方的记账一致；如果经过余额调节，双方的余额不相等，说明账簿记录出现错误，这时，应进一步查明原因，更正错误。

四、实验设计用品

1）已填制的银行存款日记账。

2）模拟的银行对账单。

3）空白银行存款余额调节表。

五、实验设计步骤和程序

1）将企业银行存款日记账与银行对账单进行核对，找出未达账项。
2）编制银行存款余额调节表。
3）分析发生差异的原因。

六、实验设计时间

实验设计时间为2学时。

七、实习资料

西飞机械制造有限责任公司2018年11月份银行存款对账单和银行存款日记账如表2－99和表2－100所示。

表2－99　　中国工商银行北京西坝河支行对账单

单位名称：西飞机械制造有限责任公司
账　　号：160101040019608　　2018年11月30日　　第1页　共1页

2018年		摘要	支票号码	借方	贷方	金额
11月	日					
11	1	期初余额				120 000
11	1	收到投资款			350 000	
11	1	取得短期贷款			200 000	
11	8	提取现金	#5695	2 000		
11	9	购材料付运费	#6889	3 000		
11	10	购买固定资产轿车	#6890	117 000		
11	11	购买车床	#6891	234 000		
11	11	购车床运费	#6892	6 000		
11	14	购买材料	#6893	46 800		
11	16	北华公司退多余款			410	
11	16	支付修理费	#6894	300		
11	19	京海公司还货款			100 000	
11	21	购买办公用品	#6895	1 300		
11	21	支付广告费	#6896	15 000		
11	21	救灾捐款	#6897	20 000		
11	25	销售产品			327 600	
11	25	代扣水电费		3 200		
11	30	交存现金			1 500	
11	31	预付2019年财产保险	#6900	12 000		
11	31	提现金发工资	#5696	95 000		
11	31	收上海虹建销货款			76 000	
		本月合计	—	555 600	1 555 510	719 910

表 2－100

银行存款日记账

第 16 页

2018 年		摘要	支票号码	借方	贷方	金额
11 月	日					
11	1	期初余额				120 000
11	1	收到投资款		350 000		
11	1	取得短期贷款		300 000		
11	8	提取现金	#5695		2 000	
11	9	购材料付运费	#6889		3 000	
11	10	购买固定资产轿车	#6890		117 000	
11	11	购买车床	#6891		234 000	
11	11	购车床运费	#6892		6 000	
11	14	购买材料	#6893		46 800	
11	16	北华公司退多余款		410		
11	16	支付修理费	#6894		300	
11	19	京海公司还货款		100 000		
11	21	购买办公用品	#6895		1 300	
11	21	支付广告费	#6896		15 000	
11	21	救灾捐款	#6897		20 000	
11	25	销售产品		327 600		
11	25	付销售产品运费	#6898		1 500	
11	30	付业务招待费	#6899		2 280	
11	25	交存现金		1 500		
11	30	预付 2019 年财产保险	#6900		12 000	
11	31	提现金发工资	#5696		95 000	
		本月合计	—	1 079 510	556 180	643 330

要求：

1）将银行存款日记账和银行对账单进行核对，找出未达账项，并编制银行存款余额调节表（见表 2－101）。掌握银行存款清查、银行存款余额调节表的编制方法。

2）实习指导教师应向学生强调造成未达账项的四种原因。

3）学生要将银行存款日记账与银行对账单的凭证号数核对，分析产生未达账项的原因。

表 2－101

银行存款余额调节表

2018 年 11 月 30 日　　　　单位：元

项目	金额	项目	金额
银行对账单余额 加：企业已收银行未收款 减：企业已付银行未付款		企业银行存款日记账余额 加：银行已收企业未收款 减：银行已付企业未付款	
调节后存款余额		调节后存款余额	

实验设计八　对账、结账和试算平衡表的编制

一、实验设计目标

熟悉掌握记账以后，应当定期对会计账簿记录的有关数字与库存实物、货币资金、有价证券、往来单位或者个人等进行相互核对，保证账证相符、账账相符、账实相符，以确保会计报表的数字真实、可靠，并通过编制试算平衡表加以反映。通过对账、结账和编制试算平衡表模拟实验设计，使学生了解对账、结账的目标、要求及内容，掌握对账、结账的实际操作程序，掌握试算平衡表的编制方法。

二、实验设计指南（特别提示）

（一）对账的内容

对账的主要内容包括以下几方面内容。

1. 账证核对

核对会计账簿记录与原始凭证、记账凭证的时间、凭证字号、内容和金额是否一致，记账方向是否相符。

2. 账账核对

核对不同会计账簿之间的账簿记录是否相符，具体包括：

1）将全部总分类账簿的本期借方发生额合计数与本期贷方发生额合计数进行核对。将全部总分类账簿的期末借方余额合计数与期末贷方余额合计数进行核对，从总体上检查总分类账记录的数据是否正确。这种核对可以通过定期编制总分类账户试算平衡表进行。

2）将总分类账与其所属的明细分类账进行核对，检查总分类账和明细分类账双方记载的经济业务内容及记账方向是否一致，总分类账户金额与其所属明细分类账户金额之和是否一致。这种核对可通过定期编制明细分类账户本期发生额及余额对照表进行。

3）将“现金日记账”“银行存款日记账”的期末余额与总分类账中“库存现金”“银行存款”账上的期末余额核对，检查总分类账与日记账记录是否相符。

4）将财会部门财产物质明细分类账的期末余额与相应的财产物质保管部门或使用部门的明细账、卡上记载的期末结存数额核对，检查其是否相符。

3. 账实核对

核对会计账簿记录与财产等实有数额是否相符，具体包括：

1）现金日记账账面余额与现金实际库存数核对。

2）银行存款日记账账面余额定期与银行对账单核对。

3）各种财产物资明细账账面余额与财产物资实存数额核对。

4）各种应收、应付款明细账账面余额与有关债权、债务单位或者个人核对等。

4. 账表核对

账表核对是将账簿的有关记录同会计报表的有关指标相核对，以保证账表相符。

（二）结账

结账是指在一定时期内所发生的全部经济业务登记入账的基础上，将各类账簿记录核算完毕，结出各种账簿本期发生额合计和期末余额的一项会计核算工作，即结出每个账户的期末余额，结束该期账户记录。

1. 结账工作的内容

1）在结账前，应将当期所发生的经济业务全部登记入账，检查是否有重复记录、遗漏记录的经济业务，是否有记录错误，以便在结账前及时更正。

2）在结账前，应及时调整需进行期末调整的账项，编制有关调整账项的会计分录，并据以登记入账。

3）在确认当期发生的经济业务、调整账项及有关转账业务已全部登记入账后，可办理结账手续。结计总分类账、现金日记账、银行存款日记账、明细分类账各账户的本期发生额和余额及累计额，并结转下期账簿记录。

4）在结账前，应认真核对和及时清理往来账目，妥善处理应收、应付及暂收、暂付款项的清偿事宜，力争减少呆账和坏账损失的发生。

2. 结账方法

结账可分为月度结账（月结）、季度结账（季结）、年度结账（年结）。

1）月度结账。

每月终了时进行的结账。月结的方法：在最后一笔经济业务的记录下面划一条通栏红（单红线），在红线下面的一行“摘要”栏内注明“本月合计”或“本期发生额及期末余额”，在“借方”“贷方”“余额”三栏分别计算出本月借方发生额合计、贷方发生额合计和结余数，然后在此行下面再划一条通栏红线（单红线），表明本期结算完毕。

2）季度结账。

每季终了时进行的结账。季结的方法是：在每季度最后一个月的月度结账的下一行“摘要”栏注明“本季度累计”或“本季度发生额及余额”，在“借方”“贷方”“余额”三栏分别计算出本季度三个月的借方、贷方发生额合计数及季末余额，然后在此行下面划一条红线（单红线），表示季度结账完毕。

3）年度结账。

每年年末进行的结账。年度终了结账时，所有总分类账中都应当结出全年发生额和年末余额。年度结账方法是：在本年最后一个季度的结账下一行“摘要”栏注明“本年累计”或“本年发生额及年末余额”，在“借方”“贷方”“余额”三栏，分别填入本年度借方发生额合计、贷方发生额合计和年末余额，然后在此行下面划两条通栏红线（双红线），表示全年经济业务的登账工作至此全部结束。格式如表2－102所示。

表2－102 **总分类账**

会计科目：库存现金

2018年		凭证		摘要	借方	贷方	借或贷	余额
月	日	种类	编号					
1	1			上年结转			借	2 600
1	10				1 200	1 800	借	2 000
1	20				1 000	200	借	2 800
1	31				300	700	借	2 400
1	31			本月合计	2 500	2 700	借	2 400
2	10	（略）	（略）		1 050	50	借	3 400
2	20				260	960	借	2 700
2	28				150	650	借	2 200
2	28			本月合计	1 460	1 660	借	2 200
3	10				880	600	借	2 480
3	20				1 500	450	借	3 530
3	31				560	1 440	借	2 650
3	31			本月合计	2 940	2 490	借	2 650
				本季合计	6 900	6 850	借	2 650
				（略）				
12	31			本年累计	32 000	31 050	借	3 550
12	31			上年结转	2 600			
12	31			结转下年		3 550		
12	31			本年合计	34 600	34 600	平	

4）更换账簿。

年度终了须更换新的账簿。年度结账以后，将本年度账簿中的余额结转到下一会计年度对应的新账簿中去，然后将本年度的全部账簿整理归档。结转账簿年度余额时，在本账簿中最后一笔记录（本年累计）的下一行“摘要”栏注明

"结转下年"字样，将计算出的年末余额记入与余额方向相反的"借方（或贷方）"栏内，在"余额"栏注明"0"，在"借或贷"栏注明"平"，至此本账簿年末余额结转完毕。下一个会计年度对所有账簿进行重新开设。登记第一笔经济业务之前，应首先将本账簿的上年余额列示出来，即在新建的有关会计账簿的第一行填写"×月×日，上年结转"，将上年结转的余额列入"余额"栏，并标明余额借贷方向，余额方向应同上一个会计年度本账簿的余额方向相同。

（三）编制试算平衡表

在借贷记账法下，试算平衡有发生额试算平衡和余额试算平衡两种。

1. 全部账户发生额试算平衡

每一笔经济业务按照借贷记账法的记账规则记账时，借贷两方的金额是相等的，一定会计期间的全部账户的借方发生额和贷方发生额的合计数也必然相等，即：

全部账户本期借方发生额合计＝全部账户本期贷方发生额合计

2. 全部账户余额试算平衡

借贷记账法下，资产类账户一般表现为借方余额，所有账户的借方余额合计即为资产总额；权益类账户一般表现为贷方余额，所有账户的贷方余额合计即为权益总额。因为"资产＝权益"，故：

全部账户期初借方余额合计＝全部账户期初贷方余额合计

全部账户期末借方余额合计＝全部账户期末贷方余额合计

3. 试算平衡表的编制

每一会计期间结束时，在已结出各个总分类账户本期发生额和期末余额的基础上，通常编制"总分类账户本期发生额及余额试算平衡表"进行试算平衡。其格式如表2－103所示。

表2－103　　　　**总分类账户本期发生额及余额试算平衡表**

账户名称	期初余额		本期发生额		期末余额	
	借方	贷方	借方	贷方	借方	贷方
库存现金						
银行存款						
应收账款						
原材料						
固定资产						
短期借款						
应付账款						
其他应收款						
实收资本						
资本公积						
合计						

试算平衡表是一种会计工作底稿，不是正式的会计报表，其作用主要是进行

试算平衡，核对记账有无差错，试算平衡说明账户记录基本正确，并为编制会计报表做准备。

三、实验设计

（一）在日常编制记账凭证和记账过程中及月末，要进行对账

对账内容包括账证核对、账账核对和账实核对。

（二）结账的主要工作

1）将本期所发生的全部经济业务登记入账。

2）按照权责发生制的要求，应注意以下几点：

① 有关账项调整的记账凭证是否已全部登记入账。

② 检查有关期末办理的转账业务，如制造费用的分配、完工产品成本的结转、固定资产的折旧、待摊费用的摊销、预提费用的提取、已销产品成本的结转等业务是否已经填制记账凭证并据以登记入账。

③ 检查各损益类账户的发生额是否已转入“本年利润”账户。

3）计算出所有账户的本期发生额和期末余额。计算本月发生额合计数和余额时，红字金额要从蓝字金额中抵减。

4）编制“总分类账户本期发生额及余额试算平衡表”。

5）按规定的程序，月末采用划线结账方法结账。

四、实验设计用品

各种日记账、总分类账和明细分类账账页。

五、实验设计步骤和程序

1）检查本期内日常发生的经济业务是否已经全部登记入账。除实验设计四已登记贴页的科目外，其余科目在“T ”型账户中登记。

2）将本月全部经济业务登记入账，计算出各账户的本期发生额和期末余额后，进行账账核对，其中对总分类账和明细分类账进行核对，应编制有关明细分类账户本期发生额及余额对照表。

3）检查漏账、错账是否补记与更正。

4）按照权责发生制要求，检查有关账项调整的记账凭证是否已全部登记入账。

5）检查有关期末办理的转账业务，是否已经填制记账凭证并据以登记入账。

6）检查各损益类账户的发生额是否已转入“本年利润”账户。

7）检查“本期发生额及余额试算平衡表”借贷方是否平衡；若不平衡，查找原因，直至平衡。

8）现金、银行存款日记账实行“日结”，其他账簿在月末实行“月结”。

六、实验设计时间

实验设计时间为 2 学时。

七、实验设计资料

根据实验设计四的日记账、总分类账和明细分类账账页进行结账。

实验设计九　会计报表的编制

一、实验设计目标

通过实验设计使学生熟练掌握资产负债表和利润表的基本结构、编制要求和编制的基本方法。

二、实验设计指南（特别提示）

（一）会计报表编制的基本规定

1）各单位必须按照国家统一会计制度的规定，定期编制财务报告。财务报告包括会计报表及其附表、会计报表附注和财务情况说明书。

2）各单位对外报送的财务报告应当根据国家统一会计制度规定的格式和要求编制。单位内部使用的财务报告，其格式和要求由各单位自行规定。

3）会计报表应当根据登记完整、核对无误的会计账簿记录和其他有关资料编制，做到数字真实、计算准确、内容完整、说明清楚。任何人不得篡改或者授意、指使和强令他人篡改会计报表的有关数字。

4）会计报表之间、会计报表各项目之间，凡有对应关系的数字，应当相互一致。本期会计报表与上期会计报表之间有关的数字应当相互衔接。如果不同会计年度会计报表中各项目内容和核算方法有变更的，应当在年度会计报表中加以说明。

5）各单位应当按照国家统一会计制度的规定认真编写会计报表附注及其说明，做到项目齐全、内容完整。

6）各单位应当按照国家规定的期限对外报送财务报告。对外报送的财务报告，应当依次编定页码、加具封面、装订成册并加盖公章。封面上应当注明：单位名称，单位地址，财务报告所属年度、季度、月度，送出日期，并由单位领导人、总会计师、会计机构负责人、会计主管人员签名或者盖章。单位领导人对财务报告的合法性、真实性负法律责任。

7）根据法律和国家有关规定应当对财务报告进行审计的，财务报告编制单位应当先行委托注册会计师进行审计，并将注册会计师出具的审计报告随同财务报告按照规定的期限报送有关部门。

8）如果发现对外报送的财务报告有错误，应当及时办理更正手续。除更正本单位留存的财务报告外，应同时通知接受财务报告的单位更正。错误较多的，应当重新编报会计报表。

（二）资产负债表的编制方法

资产负债表是反映企业在某一特定日期财务状况的报表。根据“资产＝负债＋所有者权益”这一会计平衡等式按账户式结构列示。每期末应根据结算出的各资产、负债和所有者权益账户的期末余额编制。

资产负债表“年初余额”栏内各数据，可根据上年末资产负债表“期末余额”栏内所示数字填列。资产负债表中“期末余额”栏内各项数据的填列方法归纳如下。

1. 直接填列

直接填列是根据总账科目期末余额直接填列项目。

资产负债表中大多数项目，根据相应的总账账户的期末余额直接填列，具体项目包括：交易性金融资产、应收票据、其他应收款、应收股利、短期借款、应付票据、其他应付款、应付职工薪酬、应交税费、应付股利、实收资本和盈余公积等项目。

2. 合计填列

合计填列是需要根据几个账户的期末余额加总后再填列项目。

资产负债表中有些项目，不是对应于一个会计账户，而是对应于几个会计账户，这些项目需要对对应的几个会计账户的期末余额进行加总，再填列表中。具体内容包括：

1）“货币资金”项目，应根据库存现金、银行存款和其他货币资金三个总账科目期末余额合计数填列。即“‘货币资金’项目金额＝库存现金＋银行存款＋其他货币资金”。

2）“存货”项目，应根据材料采购、原材料、生产成本、库存商品等总账科目期末余额合计数填列。即“‘存货’项目金额＝材料采购＋原材料＋生产成本＋库存商品（等）”。

3. 差额填列

差额填列需要根据有关账户的期末余额减去其备抵数后的差额填列。具体项目包括：

1）“固定资产”项目，应根据“固定资产”账户的期末借方余额减去“累计折旧”账户的期末贷方余额后的余额填列。即“‘固定资产’项目金额＝固定资产－累计折旧”。

2）“未分配利润”项目，1～11月中期报表应根据本年利润和利润分配总账科目期末余额填列，即“中期‘未分配利润’项目金额＝本年利润贷方余额－利润分配借方余额”或“中期‘未分配利润’项目金额＝本年利润借方余额＋

利润分配借方余额”。年末，编制年度资产负债表时，则根据“利润分配－未分配利润”明细科目余额直接填列，即“年末‘未分配利润’项目金额＝‘利润分配－未分配利润’”的余额。如果企业年度发生亏损，则“未分配利润”项目应以“－”号列示。

3）“应收账款”项目，应根据应收账款账户的借方期末余额减去坏账准备账户的贷方期末余额后的差额填列，即“‘应收账款’项目金额＝应收账款借方余额－坏账准备贷方余额”。

4. 分析填列

有些报表项目应根据有关总分类账户及其所属的明细分类账户的资料分析计算填列。这些报表项目包括：

1）“应收账款”明细账的借方余额在“应收账款”项目反映，贷方余额合并到“预收账款”项目内填列，即“‘应收账款’项目金额＝‘应收账款’明细账的借方余额合计＋‘预收账款’明细账借方余额合计”。

2）“预付账款”明细账借方余额在“预付账款”项目反映，贷方余额合并到“应付账款”项目内填列，即“‘预付账款’项目金额＝‘预付账款’明细账借方余额合计＋‘应付账款’明细账借方余额合计”。

3）“预收账款”明细账贷方余额在“预收账款”项目反映，借方余额合并到“应收账款”项目内填列，即“‘预收账款’项目金额＝‘预收账款’明细账贷方余额合计＋‘应收账款’明细账贷方余额合计”。

4）“应付账款”明细账贷方余额在“应付账款”项目反映，借方余额合并到“预付账款”项目内填列，即“‘应付账款’项目金额＝‘应付账款’明细账贷方余额合计＋‘预付账款’明细账贷方余额合计”。

（三）利润表的编制

利润表是反映企业在一定会计期间经营成果的报表。以“收入－费用＝利润”为依据，采用上下加减的多步报告式结构，利润总额的计算步骤如下：

第一步，计算营业利润，即“营业利润＝营业收入－营业成本－税金及附加－销售费用－管理费用－财务费用－资产减值损失＋投资净收益”。

第二步，计算利润总额，即“利润总额＝营业利润＋营业外收入－营业外支出”。

第三步，计算净利润，即“净利润＝利润总额－所得税费用”。

一般来说，利润表中“本期余额”栏各项目数字，应根据有关科目本期发生额分析填列；“上期余额”栏各项目数字，应根据上年该期利润表的“本期金额”栏内所列数字填列。具体填列方法可分为以下几种情况：

1）“销售费用”“税金及附加”“管理费用”“财务费用”“投资净收益”“营业外收入”“营业外支出”“所得税费用”等项目，分别根据各科目发生额分析填列。

2）“营业收入”项目，根据“主营业务收入”和“其他业务收入”科目发生额分析计算填列；“营业成本”项目，根据“主营业务成本”和“其他业务成本”科目发生额分析计算填列。

3）“营业利润”“利润总额”“净利润”等项目应根据分步计算公式计算填列。

（四）利润分配表的编制

利润分配表采用上下报告式结构，即按净利润分配顺序及内容，从上至下，依次列示净利润、可供分配的利润、可供投资者分配利润以及未分配利润。由于利润分配表以利润表最后一个数字“净利润”开始，“未分配利润”终止。而该“未分配利润”数额应与资产负债表所有者权益项目中的未分配利润数额相一致，反映报表与报表之间的勾稽关系，把利润表与资产负债表联系起来。

三、实验设计

（一）认真搜集、整理和审核有关资料

对相关资料要进行认真的搜集、整理工作。

（二）资产负债表编制要求

1）直接根据总分类账户余额填列。大多数报表项目都可以根据总账余额直接填列。如“其他应收款”“应付职工薪酬”“应交税费”“应付利润”“实收资本”等项目。

2）根据若干个总分类账户余额分析计算填列。如“存货”“货币资金”等项目。

3）根据若干个明细分类账户余额分析计算填列。报表中有些项目需要根据若干明细分类账户的余额分析计算填列。如“应收账款”“预收账款”“预付账款”“应付账款”“待摊费用”“预提费用”等项目。

4）资产负债表各项目均需填列“年初余额”和“期末余额”两栏。根据上年资产负债表的“期末余额”填写表中的“年初余额”，报表左方的资产总计与报表右方的负债及所有者权益总计应平衡相等。

（三）利润表编制要求

1. 根据账户发生额分析填列

除“营业收入”项目和“营业成本”项目应根据“主营业务收入”“其他业务收入”“主营业务成本”“其他业务成本”科目发生额分析填列外，“税金及附加”“销售费用”“管理费用”“财务费用”“投资净收益”“营业外收入”“营业外支出”“所得税费用”，应根据相关科目发生额直接填列。

2. 根据报表项目间的关系计算填列

相关计算公式为：

营业利润 = 营业收入 − 营业成本 − 税金及附加 − 销售费用
− 管理费用 − 财务费用 − 资产减值损失 + 投资收益
+ 公允值变动收益

利润总额 = 营业利润 + 营业外收入 − 营业外支出

净利润 = 利润总额 − 所得税费用

四、实验设计用品

空白资产负债表和空白利润表。

五、实验设计步骤和程序

1）搜集、整理和审核有关材料。

2）按规定方法编制资产负债表工作底稿。

3）对填写的资产负债表工作底稿进行计算，并在检查无误后，编制正式的资产负债表。

4）按利润表中项目填写规定逐项填写。

5）对编制的资产负债表和利润表进行认真的检查、核对，做到内容完整、计算正确。

六、实验设计时间

实验设计时间为 2 学时。

七、实验设计资料

西飞机械制造有限责任公司 2018 年 12 月初账户的发生额及余额。（见前面实验设计资料及附录原始凭证）

要求：

1）编制西飞机械制造有限责任公司 2018 年 12 月的资产负债表和利润表。

2）实验设计前指导老师应向学生再次强调资产负债表和利润表的编制方法。

3）本实验设计需资产负债表和利润表各 1 张。

第三部分　基础会计综合模拟实验设计

实验设计十 模拟建账

一、实验设计目标

建账就是根据《中华人民共和国会计法》(以下简称《会计法》)和国家统一会计制度的规定以及企业具体行业要求，结合本单位会计业务的需要，设置账簿种类、格式、内容及登记方法。本实验设计学生掌握企业建立新账的时间、方法和步骤，熟悉建账的原则和要求。

二、实验设计指南（特别提示）

在实际财务工作中，账簿的种类有以下两种划分方法：按用途，主要可分为日记账、总分类账和明细分类账；按账簿的外表形式，可分为订本账、活页账和卡片账。本实验设计设置现金和银行存款日记账、总分类账、明细分类账。

（一）日记账的建账方法

日记账又称序时账，是按经济业务发生的时间先后顺序逐日逐笔进行登记的账簿。根据财政部《会计基础工作规范》的规定，各单位应设置现金日记账和银行存款日记账，以便逐日核算和监督库存现金和银行存款的收入、支出和结存情况，从而加强对货币资金的管理。

1. 现金日记账和银行存款日记账的建账原则

1）账页的格式一般采用三栏式。

2）账簿的外表形式必须采用订本式。财政部《会计基础工作规范》第五十七条规定，“现金日记账和银行存款日记账必须采用订本式账簿。不得用银行对账单或者其他方法代替日记账”。

2. 建日记账的具体方法

在会计实际工作中，需建现金日记账与银行存款日记账各一本。本实验设计因核算业务少，将现金日记账与银行存款日记账同设在一本账内。由于只有现金、银行两个账户，可以不必粘贴口取纸，只需在账页顶端横线上写上账户名称即可。

1）账户名称应填于日记账中的开户账页上端，填写建账时间，即建账的具体年、月、日。

2）在“摘要”栏内填写“上年结转”字样。

3）将上年余额按相同方向填入有关账户第一行的“余额”栏内。

4）注明是“借方”或“贷方”余额。

（二）总分类账的建账方法

总分类账是根据总分类账户（亦称总分类科目、一级科目）分类登记全部经济业务的账簿，能够全面、总括地反映经济活动情况，并为编制会计报表提供资料。它是提供资产、负债、所有者权益、收入、费用和利润等总括的核算资料的分类账簿。

1. 总分类账的建账原则

1）总分类科目名称应与国家统一会计制度规定的会计科目名称一致。

2）依据企业账务处理程序的需要选择总分类账格式。根据我国财政部《会计基础工作规范》的规定，总分类账的格式主要有三栏式、多栏式（日记总分类账）、棋盘式和科目汇总表总分类账等。（本实验设计采用三栏式）

3）总分类账的外表形式一般应采用订本式账簿。

2. 建总分类账的具体方法

1）将写有账户名称的口取纸粘贴在账页上。在实际工作中，一个口取纸只写一个账户名称，实验设计课采取在口取纸左右面各写一个账户名称的方法，从账簿的第一页下端起粘贴第一个账户，然后依次等距离粘贴写有账户名称的口取纸，并使账户名称露在账外。

2）按账户名称顺序登记本年度各期初余额。

3）注明建账的年、月、日。

4）在“摘要”栏内填写“上年结转”字样。

5）将上年期初余额按相同方向填入“余额”栏内。

6）注明是“借方”或“贷方”余额。

（三）明细分类账的建账方法

明细分类账通常根据总分类科目所属的明细分类科目开设账户，用来分类登记某一类经济业务，进行明细分类核算，提供有关的明细核算资料的分类账簿。

1. 明细分类账的建账原则

1）明细科目名称应根据统一会计制度的规定和企业管理的需要设置。

2）根据财产物资管理的需要选择明细分类账的格式。明细分类账的格式主要使用数量金额式账页、三栏式账页和多栏式账页，企业应根据需要选择明细分类账的格式。

3）明细分类账的外表形式一般采用活页式。

在会计实际工作中，各个企业一般设置几本到几十本明细分类账。本实验设计只设置一本明细分类账，将所有明细分类账户设置在本明细分类账中。

2. 数量金额式明细分类账的具体建账方法

“数量金额式”账页既有实物指标，如“千克”“吨”“台”“辆”等，又有货币指标“元”等。在借、贷、余三栏的每栏下，又分别设置“数量”和“单价”“金额”二栏。这种格式适用于既要进行金额核算，又要进行实物数量核算的各种财产物资账户，如“原材料”“库存商品”等账户的明细分类核算。

数量金额式明细分类账具体建账的方法如下：

1）将写有总分类账账户“原材料”“库存商品”的口取纸粘贴在有关账页中。

2）将各明细分类账户填写在账页上端的横线上，样式如“——圆钢材料”。

3）单位填货物计量单位，如“吨”“台”等。

4）注明各明细分类账户的建账年、月、日。

5）“摘要”填写“上年结转”等字样。

6）将上年期末余额填入标有“数量”“单价”“金额”的余额栏内，其中“单价”一栏要用小数点分节号标明其金额位数。

“数量金额式账页”的格式如表 3－1 所示。

表 3－1　　**数量金额式明细分类账户**

原材料明细账

类别：（略）　　编号：K7621

计量单位：吨　　名称及规格：　　最高储备量：（略）

存放地点：2 号库　　储备定额：（略）　　最高储备量：（略）

2018 年		凭证		摘　要	收入			发出			结存		
月	日	种类	编号		数量	单价	金额	数量	单价	金额	数量	单价	金额
1	1			上年结转							100	150	15 000

3. 三栏式明细分类账的具体建账方法

三栏式明细分类账的账页，只设有借方、贷方和余额三个金额栏，不设数量栏。它适用于只需要反映金额的经济业务，如“应收账款”“应付账款”等不需要进行数量核算的债权、债务结算账户。

1）将总分类账账户的口取纸从明细分类账下端开始粘贴。

2）将各明细分类账户填写于账页顶端横线上，账户名称前加“——”短线表明明细分类账户。

3）注明各明细分类账户建账的年、月、日。

4）“摘要”栏填写“上年结转”等字样，但“应收”及“应付”等账户在“摘要”栏需详细注明单位名称及姓名。

5）将期初余额填入“余额”栏内。

6）注明是“借方”或“贷方”余额。

“三栏式账页”的格式如表 3－2 所示。

表 3－2　　　　三栏式明细分类账户

应付账款明细分类账户

科目：——＊＊公司　　　　　　本账页　次

年		凭证		摘要	借方									贷方									借或贷	余额								
月	日	种类	编号		百	十	万	千	百	十	元	角	分	百	十	万	千	百	十	元	角	分		百	十	万	千	百	十	元	角	分
1	1																															

4. 多栏式明细分类账的具体建账方法

多栏式明细分类账，是根据经济业务的特点和经营管理的需要，在一张账页内按有关明细科目或明细项目分设若干专栏，用以在同一张账页上集中反映各有关明细科目或明细项目核算资料。按明细分类账登记经济业务的不同，多栏式明细分类账的账页又分为借方多栏、贷方多栏和借贷方均多栏三种格式。

多栏式账页的格式较复杂，每一张账页的正反两面格式不同。打开账本后，一张完整的多栏式账页分别由一张多栏式账页的正面与另外一张的反面组成。借方多栏式账页的格式一般由“借方”的多栏式与余额组成。不设“贷方”栏目，若发生“贷方”事项时，用红字登入“借方”即可。

1）只粘贴总分类账科目口取纸，明细科目写在账页顶端。

2）注明建账年、月、日。

3）“摘要”栏填“上年结转”等字样。

4）将“借方”事项的明细科目及金额依次填入有关空格内。

5）将“借方”事项的合计金额填入“金额”栏内。

6）注明余额是“借方”或“贷方”。

“多栏式账页”格式如表 3－3 所示。

表 3－3　　　　多栏式明细分类账

管理费用明细分类账

年		凭证		摘要	借方								贷方	余额
月	日	种类	编号		职工薪酬	办公费	折旧费	差旅费	招待费	保险费	其他	合计		

（四）建账的核对

建账后，应按建账程序，对建账是否正确进行核对。主要核对的内容包括：

1）总分类账中资产账户余额之和应等于负债加所有者权益账户余额之和。

2）总分类账中各账户的余额应等于明细分类账中其所属明细分类账户余额之和。

3）总分类账中资产账户余额之和应等于日记账各账户余额之和加明细分类账中资产明细分类账户余额之和。

4）总分类账中负债加所有者权益账户之和应等于明细分类账中各负债加所有者权益账户余额之和。

三、实验设计

（一）建账操作方法

现行的会计工作中，建账的具体做法主要有如下两种：

1）根据旧账各账户的余额直接抄录记入新账有关账户，建立新账。

2）年度末结账后，先编制“总分类账账户余额表”及各“明细分类账户余额表”，再根据余额表建立新账并将余额表装订在新年度第一册汇总凭证的前面。

上述两种建账方法，第一种直接根据旧账抄入新账，虽简单易行，但容易发生错误。另外，若以后核对时，还需要翻阅旧账，尤其是一些往来账项，核对翻阅更为麻烦。第二种虽需编制余额表，有一定的工作量，但以后查阅、记账均方便，也不易发生错误，同时也符合登记账簿应根据会计凭证的原则。

（二）建账必须遵守以下要求

1）启用新账时，应在账簿扉页中填写有关内容，如企业名称、启用日期和会计姓名等。

2）建账应按账簿页码顺序登记，不得隔页、跳行。书写用蓝黑或黑色墨水，红墨水只能在结账划线、改错和冲账时使用。在会计工作中，红色数字表示减少数。

3）账簿中每行书写的文字和数字一般只占书写行距的1/2或1/3，空白处为更正错账留有余地，保证账簿清晰整洁。

4）登账数字用阿拉伯数字书写，不能连笔，不草写。若数字到“元”为止，角、分栏内应划“0”，不能空格。

5）记账发生差错，采用划线（红线）更正法，不能刮、擦、涂、改。更正时，将写错的文字或数字划单红线注销，线要划直，在线尾处盖记账人印章。作上述处理后，应保持原有字迹仍清晰可辨。然后在划线上方空白处填写正确的数字或文字，应用蓝黑、黑笔填写。对错误的数字应全部划线更正，不能只更正其中写错的数字，而对文字差错只需划去错误部分。若整行文字和数字发生差错，在此行通栏划红线注销。

四、实验设计用品

本实验设计设置现金、银行存款日记账各一本、总分类账一本、明细分类账一本、口取纸等。

五、实验设计步骤和程序

1）填写日记账，总分类账扉页上的有关内容。如公司名称、账簿名称、启用日期、页数、单位主管、单位公章、会计人员签字，以及调换记账人员时的交换时间、交移后接管人员签章等。

2）将各账户的标志口取纸粘贴在有关账簿账页中。

3）根据上年“余额表”登记日记账、明细分类账、总分类账中各账户的期初余额。

4）登账后将各账户的有关余额核对相符。

六、实验设计时间

实验设计时间为 2 学时。

七、实验设计资料

根据西飞机械制造有限责任公司 2018 年年末资料（见前面实验设计资料及附录资料），建立 2019 年新账。

实验设计十一　记账凭证会计核算形式

一、实验设计目标

记账凭证核算形式的特点主要是直接根据记账凭证逐笔登记总分类账。本项模拟实验设计的主要目标是：通过实验设计，使实验设计者全面、系统地掌握记账凭证核算程序下的会计循环的步骤及各步骤的操作，即证、账、表的基本操作技能。

二、实验设计指南（特别提示）

（一）记账凭证核算形式的凭证账簿设置

在记账凭证核算形式下，记账凭证一般采用收款凭证、付款凭证和转账凭证三种，或通用记账凭证一种；账簿需设置现金日记账、银行存款日记账、总分类账和明细分类账，总分类账和现金、银行存款日记账均采用三栏式，明细分类账则根据管理的需要选择，分别采用三栏式、数量金额式和多栏式。

（二）记账凭证核算形式的账务处理程序

1）根据各种原始凭证和原始凭证汇总表填制收款凭证、付款凭证和转账凭证。

2）根据收款凭证和付款凭证逐日逐笔登记现金日记账和银行存款日记账。

3）根据原始凭证、原始凭证汇总表和记账凭证登记各种明细分类账。

4）根据各种记账凭证逐笔登记总分类账。

5）月末，现金、银行存款日记账和明细分类账分别与总分类账相核对。

6）根据总分类账和明细分类账的账簿记录编制会计报表。

记账凭证核算形式的账务处理程序如图 3－1 所示。

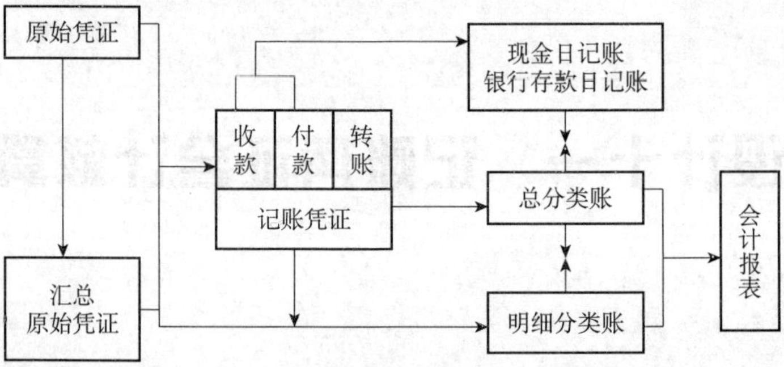

图 3-1　记账凭证核算形式的账务处理程序

三、实验设计

1）明确记账凭证核算形式的特点及操作流程。

2）根据资料，开设有关账户（现金、银行存款日记账，明细分类账和总分类账），并登记期初余额。

3）根据该企业 2018 年 12 月所发生的经济业务填制记账凭证。（采用通用记账凭证或专用记账凭证）

4）根据有关凭证登记日记账、明细分类账及总分类账，并进行结账。

5）掌握建账、制证、登账、对账、结账和编表的基本技能和方法。

四、实验设计用品

1）记账凭证：收、付、转凭证。

2）总分类账。

3）明细分类账：三栏式、多栏式和数量金额式。

4）日记账：现金、银行存款日记账。

5）会计报表：资产负债表、利润表（损益表）。

五、实验设计步骤和程序

采用记账凭证账务处理程序如下：

1）根据经济业务审核和传递原始凭证。

2）根据受理的原始凭证，填制记账凭证。

3）传递记账凭证。

4）审核所受理的记账凭证并登记日记账、明细分类账和总分类账。

5）对账，包括账证核对、账账核对和账实核对。

6）结账，主要是 1 月的月结；结账后，进行试算平衡，检查账户登记是否正确。

7）编制资产负债表和利润表。

六、实验设计时间

实验设计时间为8学时。

七、实验设计资料

根据西飞机械制造有限公司2018年12月发生的经济业务，填制有关自制的原始凭证，对外部取得的原始凭证按规定审核，并按记账凭证会计核算程序进行账务处理。

实验设计十二　科目汇总表会计核算形式

一、实验设计目标

科目汇总表核算形式（亦称记账凭证汇总表核算程序）的主要特点是：根据记账凭证定期编制科目汇总表（记账凭证汇总表），再根据科目汇总表定期登记总分类账。通过实验设计使学生理解科目汇总表核算组织程序的特点、账务处理程序，掌握科目汇总表的编制及总分类账户的登记方法，系统地掌握科目汇总表核算形式下的会计循环，即证、账、表的基本操作技能。

二、实验设计指南（特别提示）

（一）科目汇总表核算形式的凭证账簿设置

在科目汇总表核算形式下，记账凭证一般采用收款凭证、付款凭证和转账凭证三种，或通用记账凭证一种及科目汇总表；账簿需设置现金日记账、银行存款日记账、总分类账和明细分类账，总分类账和现金、银行存款日记账均采用三栏式，明细分类账则根据管理的需要选择，分别采用三栏式、数量金额式和多栏式。

（二）科目汇总表的编制

科目汇总表是根据一定时期内的全部记账凭证按总账科目进行汇总，据以计算出每一总账科目本期借方发生额和贷方发生额，作为登记总分类账依据的凭证。科目汇总表的编制方法有两种：一种是全部汇总，即将一定时期内的全部收、付、转记账凭证汇总在一张科目汇总表上，据以登记总分类账；另一种是分类汇总，即将一定时期的收、付、转记账凭证分别汇总，编制成三张科目汇总表，据以登记总分类账。汇总的时间应根据业务量大小确定，一般可 5 天、10 天、15 天或一个月汇总一次。本实验设计采用 10 天全部汇总一次的方法进行。

（三）科目汇总表核算形式的账务处理程序

1）根据各种原始凭证和汇总原始凭证填制收款凭证、付款凭证和转账凭证，或填制通用记账凭证。

2）根据收款凭证和付款凭证逐日逐笔登记现金日记账和银行存款日记账。

3）根据原始凭证、汇总原始凭证和记账凭证登记各种明细分类账。

4）根据各种记账凭证汇总编制科目汇总表。

5）根据科目汇总表登记总分类账。

6）月末，现金、银行存款日记账和明细分类账分别与总分类账相核对。

7）月末，根据总分类账和明细分类账的账簿记录编制会计报表。

科目汇总表核算形式的账务处理程序如图 3－2 所示。

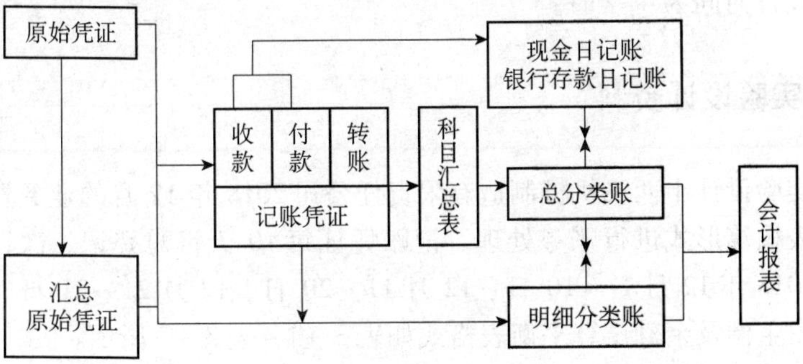

图 3－2　科目汇总表核算形式的账务处理程序

三、实验设计

1）明确科目汇总表核算程序的特点及操作流程。

2）设置总分类账户并登记期初余额。

3）根据记账凭证，采用全部汇总方法按旬编制 2018 年 12 月科目汇总表。

4）根据编制的科目汇总表登记总分类账，并进行结账。

5）掌握建账、制证、登账、对账、结账和编表的基本技能和方法。

四、实验设计用品

1）记账凭证：收、付、转凭证或通用记账凭证；科目汇总表。

2）空白总账账页。

3）空白会计报表：资产负债表和利润表（损益表）。

五、实验设计步骤和程序

1）根据经济业务审核和传递原始凭证。

2）根据受理的原始凭证，填制记账凭证。

3）根据记账凭证定期（10 天）编制科目汇总表。

4）审核记账凭证并逐日逐笔登记日记账和明细分类账，根据科目汇总表登记总账。

5）对账，包括账证核对、账账核对和账实核对。

6）结账，以月结为主。

7）编表，要求编制资产负债表和利润表。

六、实验设计时间

实验设计时间为 4 学时。

七、实验设计资料

根据实验设计十西飞机械制造有限责任公司 2018 年 12 月的业务资料，采用科目汇总表核算形式进行账务处理。记账凭证每 10 天汇总登记一次，编制科目汇总表，2018 年 12 月 1 ~10 日、12 月 11 ~20 日、12 月 21 ~31 日的科目汇总表和本期发生额及余额试算平衡表格式如表 3 -4 ~表 3 -7 所示。

表 3 -4　　科目汇总表

2018 年 12 月 1 ~10 日　　编号：科汇　1 -1

过　账	借方发生额	会计科目	贷方发生额	过　账
		合　计		

表3-5　**科目汇总表**

2018年12月11~20日　　编号：科汇　1-2

过　账	借方发生额	会计科目	贷方发生额	过　账
		合　计		

表 3－6

科目汇总表

2018 年 *12* 月 *21～31* 日　　　　编号：科汇　*1－3*

过　账	借方发生额	会计科目	贷方发生额	过　账
		合　计		

表 3－7　　　　　　　　　本期发生额及余额试算平衡表

（里面有些科目需要学生自己根据公司 12 月实际发生业务所用科目添加）

2018 年 12 月 31 日　　　　　　　　　　　　　单位：元

账户名称	期初余额		本期发生额		期末余额	
	借方	贷方	借方	贷方	借方	贷方
库存现金						
银行存款						
低值易耗品						
原材料						
应收账款						
固定资产						
应付账款						
应交税费——应交所得税						
实收资本						
营业收入						
营业成本						
税金及附加						
销售费用						
管理费用						
所得税费用						
本年利润						
合　计						

附录　实验设计资料原始凭证

1

1－1

1

中国工商银行进账单（回单或收款通知）

交款日期 2018 年 12 月 1 日　　　　第 001 号

<table>
<tr><td rowspan="3">付款人</td><td>全　　称</td><td>信达公司</td><td rowspan="3">收款人</td><td>全　　称</td><td colspan="11">北京市西飞机械制造有限责任公司</td></tr>
<tr><td>账　　号</td><td>01020061545</td><td>账　　号</td><td colspan="11">01093378911</td></tr>
<tr><td>开户银行</td><td>工商银行劲松支行</td><td>开户银行</td><td colspan="11">中国工商银行北京市分行西坝河分理处</td></tr>
<tr><td colspan="5" rowspan="2">人民币（大写）壹拾捌万元整</td><td>亿</td><td>千</td><td>百</td><td>十</td><td>万</td><td>千</td><td>百</td><td>十</td><td>元</td><td>角</td><td>分</td></tr>
<tr><td></td><td></td><td>¥</td><td>1</td><td>8</td><td>0</td><td>0</td><td>0</td><td>0</td><td>0</td><td>0</td></tr>
<tr><td colspan="2">票据种类</td><td colspan="3">转账支票</td><td colspan="11" rowspan="2">收款人开户银行盖章
收款人开户银行盖章</td></tr>
<tr><td colspan="2">票据张数</td><td colspan="3">1</td></tr>
</table>

此联是收款人开户银行给收款人的回单或收款通知

单位主管：　　　　会计：　　　　复核：　　　　记账：

1－2

北京市企业资金往来专用发票

副联

(01)

乙 1

№ 0791776

京国税

客户名称　信达公司　　　　支票号：2631111178

往来项目	单位	数量	单价	金额 千	百	十	万	千	百	十	元	角	分	此发票适用范围
投资款项						1	8	0	0	0	0	0	0	本发票由在本市的企业发生除商品销售、提供加工以外的资金往来时使用。如预收款、借款等。
小写金额合计					¥	1	8	0	0	0	0	0	0	
大写金额	壹拾捌万元整													

三、副联

开票单位：北京市西飞有限公司　　开票人：马虹　　2018 年 12 月 1 日

2

北京市商业企业发票

发票联

（全国统一发票监制章 国家税务总局监制）

（01）
甲 1
№ 002589
京国税

客户名称：北京市西飞机械制造有限责任公司　　2018 年 12 月 7 日

货号	品牌及规格	单位	数量	单价	金额 万	千	百	十	元	角	分
	记录本	本	10	5				5	0	0	0
	档案袋	个	20	1.5				3	0	0	0
	签字笔	支	10	5.5				5	5	0	0
	订书机	台	2	25				5	0	0	0
金额合计						¥	1	8	5	0	0
（大写）　⊗佰⊗拾⊗万⊗仟壹佰捌拾伍元零角零分											
付款方式：　现金	开户银行及账户：										

第二联　报销凭证

（北京文化用品商店 发票专用章）

开票单位（盖章）　　收款人：刘莉　　开票人：王开

3

贷款凭证(3)(收款通知)

2018 年 12 月 1 日

<table>
<tr><td>贷款单位名称</td><td>北京市西飞机械制造有限责任公司</td><td>种类</td><td>长期资金贷款</td><td colspan="5">贷款户账号</td><td colspan="6">01093378911</td></tr>
<tr><td rowspan="2">金额</td><td colspan="3" rowspan="2">人民币(大写):贰拾万元整</td><td>千</td><td>百</td><td>十</td><td>万</td><td>千</td><td>百</td><td>十</td><td>元</td><td>角</td><td>分</td><td></td></tr>
<tr><td></td><td>¥</td><td>2</td><td>0</td><td>0</td><td>0</td><td>0</td><td>0</td><td>0</td><td>0</td><td></td></tr>
<tr><td rowspan="2">用途</td><td rowspan="2">生产经营</td><td colspan="2">单位申请期限</td><td colspan="8">自 2018 年 12 月 1 日起
至 2020 年 12 月 1 日止</td><td rowspan="2">利率</td><td colspan="2" rowspan="2">6%</td></tr>
<tr><td colspan="2">银行核定期限</td><td colspan="8">自 2018 年 12 月 1 日起
至 2020 年 12 月 1 日止</td></tr>
<tr><td colspan="9">以上贷款已核算发放 贷款。
并已转收你单位 账号账户。
银行签章
2018 年 12 月 1 日</td><td colspan="6">单位会计分录
收入________
付出________
复核 记账
主管 会计</td></tr>
</table>

4

4 -1 -1

北京市增值税专用发票

发票联

全国统一发票监制章 国家税务总局监制

№ 01004389

开票日期：2018 年 12 月 2 日

购货单位	名　　称：北京市西飞机械制造有限责任公司 纳税人识别号：11006005566099 地 址 、电 话：北京市开发区 228 号 62500188 开户行及账号：工商银行西坝河分理处 01093378911	加密区	〉2//9960 + 72〈 + 8 * 3〉 + 319〉2〉0 **〈8118 + 0308 + 99〉6 * 2 + 9022〉342 + 4 * 62〈0 *- 3/02468〈48 * + 9〈1293〈85〈 * 2- 338+954 + 89/7 - 8 + 〈544 - 33

货物或应税劳务、服务名称	计量单位	数量	单价	金额 十	万	千	百	十	元	角	分	税率（%）	税额 万	千	百	十	元	角	分
A 材料	千克	400	65		2	6	0	0	0	0	0	16		4	1	6	0	0	0
合计				¥	2	6	0	0	0	0	0		¥	4	1	6	0	0	0
价税合计（大写）	⊗拾叁万零仟壹佰陆拾零元零角零分			¥ 30 160. 00															

销货单位	名　　称：北京梅泰公司 纳税人识别号：110103556544241 地 址 、电 话：北京市海淀区 108 号 62500188 开户行及账号：中国工商银行惠安办事处 8115436688	备注	

北京梅泰公司 发票专用章

第二联 发票联 购货方记账凭证

收款人：　　复核：　　开票人：高辉　　销货方（章）：

4－1－2（此联不作原始凭证，以下业务中不再出现此联）

北京市增值税专用发票

抵扣联

№ 01004389

开票日期：2018 年 12 月 2 日

购货单位	名　　称：北京市西飞机械制造有限责任公司 纳税人识别号：11006005566099 地 址 、电 话：北京市开发区 228 号 62500188 开户行及账号：工商银行西坝河分理处 01093378911	加密区	>2//9960＋72<＋8＊3>＋319>2>0＊＊<8118＋2－13＋99>01＋ 8375>342＋4＊62<0＊－3/02468<48＊＊＋9<1293<85<＊2－//8＋ 954＋89/7－8＋<103＊3

货物或应税劳务、服务名称	计量单位	数量	单价	金额 十	万	千	百	十	元	角	分	税率（%）	税额 万	千	百	十	元	角	分
A 材料	千克	400	65		2	6	0	0	0	0	0	16		4	1	6	0	0	0
合计				¥	2	6	0	0	0	0	0		¥	4	1	6	0	0	0
价税合计（大写）	⊗拾叁万零仟壹佰陆拾零元零角零分			¥ 30 160. 00															

销货单位	名　　称：北京梅泰公司 纳税人识别号：110103556544241 地 址 、电 话：北京市海淀区 108 号 62500188 开户行及账号：工商银行惠安办事处 8115436688	备注	

收款人：　　　复核：　　　开票人：高辉　　　销货方（章）：

第三联　抵扣联　购货方扣税凭证

北京梅泰公司　发票专用章

4－2

北京市货物托运业专用发票

发票联

京地税

01 乙1 № 3216324

委托单位：北京市西飞机械制造有限责任公司

委托人：　　　　到站：　　　　运单号

货物名称	件数	重量	包装	代垫费用								托运费用							
A材料		400千克		项目	万	千	百	十	元	角	分	项目	万	千	百	十	元	角	分
				铁路								服务费							
				公路			3	0	0	0	0	仓储保管费							
				空运								包装费							
				水运								搬倒理货费							
												退运手续费							
				保险费															
				合计		¥	3	0	0	0	0	合计							
总计大写	⊗万⊗仟叁佰零拾零元零角零分																		

收款单位盖章：　　　　经办人：张莉　　　　2018年12月02日

4－3

中国工商银行　分行转账支票存根

支票号码　№ 11111112

科目

对方科目

签发日期 2018 年 12 月 2 日

收款人：北京梅泰公司	
金额：30 460.00	
用途：购买 A 材料	
备注：	

单位主管：　　会计：

复　　核：　　记账：

北京市税运第三公司

发票专用章

4－4

收　料　单

发票号码：№01004389

供应单位：北京梅泰公司　　　　收料单编号：11057

材料类别：原料及主要材料　　2018 年 12 月 2 日　　收料仓库：材料库

编号	名称	规格	单位	数量		实际成本					计划成本	
				应收	实收	买价		运杂费	其他	合计	单位成本	金额
						单价	金额					
K150	A 材料		千克	400	400	65		26 000	279		26 279	
合　计								26 000	279		26 279	

采购员：刘东　　检验员：张莉　　记账员：　　保管员：李梦

5

5－1

商业承兑汇票(存根)3

签发日期贰零壹陆年壹拾贰月零贰日

№ 1490242

第4号

<table>
<tr><td rowspan="3">收款人</td><td>全称</td><td colspan="3">广东天成有限责任公司</td><td rowspan="3">付款人</td><td>全称</td><td colspan="10">北京市西飞机械制造有限责任公司</td><td rowspan="6">此联出票人存查</td></tr>
<tr><td>账号</td><td colspan="3">02045623356</td><td>账号</td><td colspan="10">01093378911</td></tr>
<tr><td>开户银行</td><td>工行兴安分理处</td><td>行号</td><td>32111</td><td>开户银行</td><td colspan="6">中国工商银行北京市分行西坝河分理处</td><td colspan="2">行号</td><td colspan="2">3289</td></tr>
<tr><td rowspan="2">汇票金额</td><td colspan="6" rowspan="2">人民币（大写）　壹万贰仟柒佰陆拾元整</td><td>千</td><td>百</td><td>十</td><td>万</td><td>千</td><td>百</td><td>十</td><td>元</td><td>角</td><td>分</td></tr>
<tr><td></td><td></td><td>¥</td><td>1</td><td>2</td><td>7</td><td>6</td><td>0</td><td>0</td><td>0</td></tr>
<tr><td colspan="2">汇票到期日</td><td colspan="5">2019年3月2日</td><td colspan="5">交易合同号码</td><td colspan="5">00015</td></tr>
<tr><td colspan="7">备注</td><td colspan="11"></td></tr>
</table>

5－2

广东省增值税专用发票

发　票　联

（全国统一发票监制章　国家税务总局监制）

№ 02015248

开票日期：2018 年 12 月 2 日

购货单位	名　　称：北京市西飞机械制造有限责任公司 纳税人识别号：11006005566099 地 址 、电 话：北京市开发区 228 号 62500188 开户行及账号：工商银行西坝河分理处 01093378911				加密区	8510－801〈＋911047/＊71961－85＋107157〉1－85/893＊－ 158/－0815＋＊619〉51078/＊50889158＋81－〉15＋//9													
货物或应税劳务、服务名称	计量单位	数量	单价	金额 十	万	千	百	十	元	角	分	税率（%）	税额 万	千	百	十	元	角	分
B 材料	千克	200	55		1	1	0	0	0	0	0	16		1	7	6	0	0	0
合计				¥	1	1	0	0	0	0	0		¥	1	7	6	0	0	0
价税合计（大写）	⊗拾壹万贰仟柒佰陆拾零元零角零分　　¥12 760.00																		
销货单位	名　　称：广东天成有限责任公司 纳 税 人 识 别 号：020103556522443 地 址 、电 话：广州市开发区 5 号 98579621 开 户 行 及 账 号：中国工商银行××办事处 02045623356				备注														

（印章：广东天成有限责任公司　发票专用章）

收款人：　　　　复核：　　　　开票人：高刚　　　　销货方（章）：

第二联　发票联　购货方记账凭证

6

收 料 单

发票号码:№02015248

供应单位:广东天成有限责任公司　　　　收料单编号:11058

材料类别:原料及主要材料　　2018 年 12 月 4 日　　收料仓库:材料库

编号	名称	规格	单位	数量		实际成本					计划成本	
				应收	实收	买价		运杂费	其他	合计	单位成本	金额
						单价	金额					
M137	B材料		千克	200	200							
合计												

采购员:刘东　　检验员:张莉　　记账员:　　保管员:李梦

7

北京证券开发路营业所

2018 年 12 月 4 日　成交过户交割凭单	
公司代码:12345 股东账号:12345678 资金账号:8868 股东姓名:北京市西飞机械制造有限责任公司	证券名称:0690 债券 成交数量:6 000 成交价格:6 180 成交金额:6 180
申请编号:763 申请时间:13:25:36 成交时间:13:25:45 资金前余额:244 500.00 资金余额:250 640.10 证券前余额:6 000.00 本次余额:0	标准金额:15.18 过户费用: 印花税:24.72 附加费用: 其他费用: 实际收付金额:6 140.10
备注:债券买卖	

8

8－1

北京市增值税专用发票

发票联

全国统一发票监制章 国家税务总局

№ 01018476

开票日期：2018 年 12 月 4 日

购货单位	名　　称：北京市西飞机械制造有限责任公司 纳税人识别号：11006005566099 地 址 、电 话：北京市开发区 228 号 62500188 开户行及账号：工商银行西坝河分理处 01093378911	加密区	5108－1＋0〉/08＋＊1851085〉115－8934＋1859682/＊70－＊/ 〈110750751＋－15772408508〉＊791570＋0180－＊〉

货物或应税劳务、服务名称	计量单位	数量	单价	金额 十	万	千	百	十	元	角	分	税率（%）	税额 万	千	百	十	元	角	分
工作服	套	20	150			3	0	0	0	0	0	16			4	8	0	0	0
合计					¥	3	0	0	0	0	0			¥	4	8	0	0	0
价税合计（大写）	⊗拾⊗万叁仟肆佰捌拾零元零角零分　　¥3 480.00																		

销货单位	名　　称：北京大群批发公司 纳 税 人 识 别 号：110106005644345 地 址 、电 话：海淀北三环 709 号 64212121 开 户 行 及 账 号：中国工商银行双安营业所 2244880	备注	北京大群批发公司 发票专用章

收款人：　　　　复核：　　　　开票人：陈浩　　　　销货方（章）：

第二联 发票联 购货方记账凭证

8-2

中国工商银行　分行转账支票存根

北京大群批发公司 发票专用章

支票号码　№ 11111113

科目

对方科目

签发日期　2018 年 12 月 4 日

收款人：北京大群批发公司	
金额：3 480.00	
用途：购买工作服	
备注：	

单位主管：　　会计：

复　核：　　记账：

8-3

收　料　单

发票号码：№ 01018476

供应单位：北京大群批发公司　　收料单编号：11059

材料类别：低值易耗品　　2018 年 12 月 4 日　　收料仓库：材料库

编号	名称	规格	单位	数量		实际成本					计划成本	
				应收	实收	买价		运杂费	其他	合计	单位成本	金额
						单价	金额					
K350	工作服		套	20	20							
合计												

采购员：刘东　　检验员：张莉　　记账员：　　保管员：李梦

9

9－1

北京市行政事业单位统一银钱收据

京财 A－01－01　　　　　　　　　　　　　　　　№4100654

支票号:11111114

今收到　北京市西飞机械制造有限责任公司

交　来　希望工程捐款

人民币(大写)　壹万元整　　¥ 10 000.00

收款单位　　　收款人

(公章)爱心基金会　(签章)王淼

北京市财政局　发票专用章

2018 年 12 月 4 日

第二联　收据

9－2

中国工商银行　分行转账支票存根

支票号码　№11111114

科目:

对方科目:

签发日期:2018 年 12 月 4 日

收款人:
金额:
用途:
备注:

单位主管:　　　　会计:

复　　核:　　　　记账:

10

10－1

中国工商银行进账单（回单或收款通知）

交款日期 2018 年 12 月 4 日

1

第 002 号

付款人	全　　称	北京景顺公司	收款人	全　　称	北京市西飞机械制造有限责任公司
	账　　号	0105567432		账　　号	01093378911
	开户银行	中国工商银行北京市分行延庆县支行		开户银行	中国工商银行北京市分行西坝河分理处

人民币（大写）	亿	千	百	十	万	千	百	十	元	角	分
捌万壹仟贰佰元整				¥	8	1	2	0	0	0	0

票据种类	转账支票	收款人开户银行盖章
票据张数	1	

此联是收款人开户行交给收款人的货单或收款通知

单位主管：　　会计：　　复核：　　记账：

10－2 转账支票(正面)(此联不作原始凭证)

中国工商银行转账支票　　　　(京)XIII261111178

出票日期(大写)贰零壹捌年壹拾贰月零肆日　　　　付款行名称:劲松支行

收款人:北京市西飞机械制造有限责任公司　　　　出票人账号:01020061545

本支票付款期十天

人民币(大写)	捌万壹仟贰佰元整	亿	千	百	十	万	千	百	十	元	角	分
					¥	8	1	2	0	0	0	0

用途:销货款　　　　科目(借)______

上列款项请从　　　　对方账户(贷)______

我账户内支付　　　　转账日期　年　月　日

出票人盖章:　　　　复核:　　　　记账:

(使用清分机的,此区域供打印磁性字码)

10－3

北京市增值税专用发票

发票联

（印章：全国统一发票监制章 国家税务总局）

№ 01004389

此联不作报销、扣税凭证使用

开票日期：2018 年 12 月 4 日

购货单位	
名　　称	北京景顺公司
纳税人识别号	110106005567432
地 址 、电 话	中国工商银行北京市分行延庆县支行
开户行及账号	中国工商银行顺达分理处 01093378848

加密区：
03917050＊33926732＋344525〈1－49＊76345＋97〉－009016＋
＋/〈6790481〈＊/57－6433〉－4571＋03202〈0＋11〈1685＋2＋
58016＊691901153－348〈

货物或应税劳务、服务名称	计量单位	数量	单价	金额 十	万	千	百	十	元	角	分	税率（%）	税额 万	千	百	十	元	角	分
甲产品	箱	20	3 500		7	0	0	0	0	0	0	16	1	1	2	0	0	0	0
合计				¥	7	0	0	0	0	0	0		1	1	2	0	0	0	0

价税合计（大写）　⊗拾捌万壹仟贰佰零拾零元零角零分　　¥81 200.00

销货单位	
名　　称	北京市西飞机械制造有限责任公司
纳税人识别号	110106005566099
地 址 、电 话	北京市开发区 228 号 62500188
开户行及账号	工商银行西坝河分理处 01093378911

备注：

（印章：北京市西飞机械制造责任有限公司 发票专用章）

第四联　记账联　销货方记账

收款人：　　　复核：　　　开票人：马虹　　　销货方（章）：

11

11－1

全国统一发票监制章 国家税务总局监制

北京市企业资金往来专用发票

№ 0791777

京国税

客户名称：北京宏发公司　　　　支票号 4465

往来项目	单位	数量	单价	金额										此发票适用范围
				千	百	十	万	千	百	十	元	角	分	
收到预付货款						1	2	0	0	0	0	0	0	本发票由在本市的企业发生除商品销售、提供加工以外的资金往来时使用。如预收款、借款等。
小写金额合计					¥	1	2	0	0	0	0	0	0	
大写金额	壹拾贰万元整													

三、副联

开票单位（盖章）：　　　　开票人：马虹　　　　2018 年 12 月 4 日

11－2

中国工商银行进账单(回单或收款通知)　　1

交款日期 2018 年 12 月 4 日　　第 003 号

付款人	全　称	北京宏发公司	收款人	全　称	北京市西飞机械制造有限责任公司
	账　号	89534465		账　号	01093378911
	开户银行	中国工商银行九龙山分行		开户银行	中国工商银行北京市分行西坝河分理处

人民币(大写)	亿	千	百	十	万	千	百	十	元	角	分
壹拾贰万元整			¥	1	2	0	0	0	0	0	0

票据种类	转账支票	收款人开户银行盖章
票据张数	1	

此联是收款人开户行交给收款人的回单或收款通知

单位主管：　　会计：　　复核：　　记账：

12

12－1 现金支票（正联为非原始凭证，存根联为原始凭证）

中国工商银行现金支票存根

XIII100001110

科目：________________

对方科目：________________

签发日期：____年 月 日____

收款人：
金额：
用途：

中国工商银行**现金支票**　　　　　　　　　　（京）XIII100001110

出票日期（大写）　年　月　日

收款人　　　　　　　　　　　　　　　　　　付款行名称：

出票人账号

本支票付款期十天

人民币（大写）		亿	千	百	十	万	千	百	十	元	角	分

用途：______

上列款项请从

我账户内支付

出票人盖章：

科目（借）__________

对方科目（贷）__________

付讫日期　　年　　月　　日

出纳：　　　复核：　　　记账：

XIII 100001110

贴对号单处

12－2

借　款　单

资金性质　　　　2018 年 12 月 4 日

借款单位：销售部门		
借款理由：出差借款		
借款数额：人民币（大写）伍仟元整		￥5 000.00
本单位负责人意见：林宇		借款人：张勤
会计主管核批：王之	付款方式：现金支票	出纳：红英

13

13－1

中国人民保险公司北京分公司保险专用发票

发票联

全国统一发票监制章 国家税务总局监制

（2016）D2　0004563

被保险人	北京市西飞机械制造有限责任公司	
保险单号		
承保险别	房屋、设备、汽车	
保险费（人民币）	大写：贰万捌仟捌佰元整	
	小写：28 800.00	
交费形式		1. 现金　2. 转账支票　3. 银行划转　4. 其他
业务员	包羡	核保

保险公司（签章）：　　制单：江华　　出纳：刘惠　　2018 年 12 月 5 日

13－2

中国工商银行　转账支票存根

支票号码　№ 11111115

科目：

对方科目：

签发日期：*2018* 年 *12* 月 *5* 日

收款人：北京人保公司
金额：*28 800.00*
用途：预交财产保险费
备注：

单位主管：　　　　会计：

复　　核：　　　　记账：

14

14－1

北京市增值税专用发票

发 票 联

（印章：全国统一发票监制章 国家税务总局监制）

№ 01106124

开票日期：2018 年 12 月 5 日

第二联　发票联　购货方记账凭证

购货单位

名　　称：北京市西飞机械制造有限责任公司
纳税人识别号：11006005566099
地 址 、电 话：北京市开发区 228 号 62500188
开户行及账号：工商银行西坝河分理处 01093378911

加密区

192－〈－2901＋88〉928＊6372＋8402＋9193〉＊7382/＋9924＊2
＊〉＋82－89〈2839/2839－88＊〉839〈030＋83＊21/－38439049

货物或应税劳务、服务名称	计量单位	数量	单价	金额								税率（%）	税额						
				十	万	千	百	十	元	角	分		万	千	百	十	元	角	分
联想奔腾 Ⅲ850 微机	台	31	8 500	2	6	3	5	0	0	0	0	16	4	2	1	6	0	0	0
合计				2	6	3	5	0	0	0	0		4	2	1	6	0	0	0

价税合计（大写）：叁拾零万伍仟陆佰陆拾零元零角零分　　¥：305 660.00

销货单位

名　　称：北京先锋有限公司
纳税人识别号：110101184663221
地 址 、电 话：北京市联想路 708 号 67676628
开户行及账号：中国工商银行惠安办事处 0104636847

备注：

（印章：北京先锋有限公司 发票专用章）

收款人：　　复核：　　开票人：王新　　销货方（章）：

14 –2

中国工商银行 转账支票存根

支票号码 № 11111116

科目：

对方科目：

签发日期：2018 年 12 月 5 日

收款人：北京先锋公司	
金额：305 660.00	
用途：购计算机	
备注：	

单位主管： 会计：

复 核： 记账：

14 –3

固定资产交接单

2018 年 12 月 5 日

移交单位		接受单位	科研中心
固定资产名称	联想计算机	规 格	PIII850
技术特征		数 量	31 台
附属物			
建造企业	联想集团	出厂或建成年月	2018. 11
安装单位	北京先锋有限公司	安装完工年月	2018. 12. 5
原值	¥305 660. 00	其中：安装费	
移交单位负责人		接受单位负责人	邢科

15

领 料 单

仓库：材料仓库　　2018 年 12 月 6 日　　领料单编号：L－05

编号	类别	材料名称	规格	单位	数量		实际价格	
					请领	实发	单价	金额
K350		工作服		套	39	39	145.00	5 655.00
合计								5 655.00
用途	生产工人领用				领料部门		发料部门	
					负责人	领料人	核准人	发料人
					董蒲	田力		李梦

16

商业承兑汇票（存根）3

签发日期（大写）　贰零壹捌年壹拾贰月零陆日　　№1490243
第 5 号

付款人	全称	北京市西飞机械制造有限责任公司	付款人	全　称	辽宁利民公司
	账号	01093378911		账　号	0567412348
	开户银行	中国工商银行北京市分行西坝河分理处		开户银行	中国工商银行解放路办事处
汇票金额	人民币（大写）	贰万陆仟元整			千 百 十 万 千 百 十 元 角 分 ¥ 2 6 0 0 0 0 0
汇票到期日		贰零壹玖年零贰月零陆日		交易合同号码	00016
备注					

此联出票人存查

17

17－1

北京市增值税专用发票

发　票　联

全国统一发票监制章　国家税务总局监制

№ 00006792

开票日期：2018 年 12 月 6 日

购货单位	名　　　称：北京市西飞机械制造有限责任公司 纳税人识别号：110106005566099 地 址 、电 话：北京市开发区 228 号 62500188 开户行及账号：工商银行西坝河分理处 01093373911	加密区	3949＋582＊848959583〈//083＋－2690〈＊49050684＋27＊// 84903＋＊785960〉－839〉048＋9372＊7480＋893－〉0

货物或应税劳务、服务名称	计量单位	数量	单价	金额 十	万	千	百	十	元	角	分	税率（%）	税额 万	千	百	十	元	角	分
A 材料	千克	205.48	73		1	5	0	0	0	0	0	16		2	4	0	0	0	0
合计				¥	1	5	0	0	0	0	0		¥	2	4	0	0	0	0
价税合计（大写）	⊗拾壹万柒仟肆佰零拾零元零角零分　　¥：17 400.00																		

销货单位	名　　　称：北京宝盈有限公司 纳 税 人 识 别 号：110104325188643 地 址 、电 话：北京市西城区 319 号 63173688 开 户 行 及 账 号：中国工商银行河西办事处 6759325638	备注	北京宝盈有限公司 ★ 发票专用章

收款人：　　　复核：　　　开票人：李兵　　　销货方（章）：

第二联　发票联　购货方记账凭证

17－2

收 料 单

发票号：№ 00006792

供应单位：北京宝盈有限公司

材料类别：原料及主要材料　　2018 年 12 月 6 日　　材料单编号：11060

收料仓库：材料库

编号	名称	规格	单位	数量		实际成本					计划成本	
				应收	实收	买价		运杂费	其他	合计	单位成本	金额
						单价	金额					
K150	A 材料		千克									
合计												

采购员：刘东　　检验员：张莉　　记账员：　　保管员：李梦

18

委托收款凭证（付款通知）5

委托号码:01385966

委邮　付款日期:2018 年 12 月 6 日　　第　号

付款人	全　称	北京西飞机械制造有限责任公司	付款人	全　称	山东世纪公司
	账　号	01093378911		账　号	6759325638
	开户银行	中国工商银行北京市分行西坝河分理处		开户银行	中国工商银行河西办事处

托收金额	人民币(大写)	百	十	万	千	百	十	元	角	分
	肆万陆仟捌佰元整		¥	4	6	8	0	0	0	0

款项内容	贷款	委托收款凭证名称	商业承兑汇票	附寄单订张数	1

备注:

付款人注意:

1. 根据结算办法规定,上列托收款,在付款期限内未拒付时,即视同全部同意付款。
2. 如需提前付款或多付款时,应另写书面通知送银行办理。
3. 如系全部拒付或部分拒付,应在付款期限内另填拒绝付款理由送银行办理。

此联付款人开户银行给付款人按期付款的通知

19

19－1

中国工商银行电汇凭证(回单)

委托日期:2018 年 12 月 6 日　　第 02 号

<table>
<tr><td rowspan="3">汇款人</td><td>全称</td><td colspan="2">北京市西飞机械制造有限责任公司</td><td rowspan="3">收款人</td><td>全称</td><td colspan="10">河北永和公司</td></tr>
<tr><td>账号</td><td colspan="2">01093378911</td><td>账号</td><td colspan="10">07930238</td></tr>
<tr><td>汇出地点</td><td colspan="2">中国工商银行北京市分行西坝河分理处</td><td>汇出地点</td><td colspan="3">河北省保定市县</td><td colspan="3">汇入行名称</td><td colspan="4">工行华丰办事处</td></tr>
<tr><td colspan="2" rowspan="2">金额</td><td rowspan="2">人民币(大写)</td><td rowspan="2" colspan="2">捌仟元整</td><td>千</td><td>百</td><td>十</td><td>万</td><td>千</td><td>百</td><td>十</td><td>元</td><td>角</td><td>分</td></tr>
<tr><td></td><td></td><td></td><td>¥</td><td>8</td><td>0</td><td>0</td><td>0</td><td>0</td><td>0</td></tr>
<tr><td colspan="6">汇款用途:</td><td colspan="10">附寄单订张数</td></tr>
<tr><td colspan="6">上列款项已根据委托办理,如需查询,请持此回单来行面洽</td><td colspan="10">汇出行盖章
2018 年 12 月 6 日</td></tr>
</table>

单位主管:　　会计:　　复核:　　记账:

19－2

中国工商银行收款凭证

2018年12月6日　　　　第06号

户名	北京市西飞机械制造有限责任公司	开户银行	中国工商银行北京市分行西坝河分理处
账号	01093378911	收费种类	手续费

说明	凭证(结算)种类	单价	数量	万	千	百	十	元	角	分
1. 客户购买凭证时在“收费种类”栏填写工本费，在“凭证种类”栏填写所购凭证名称。 合计户在办理结算业务时，在“收费种类”栏分别填写手续费或邮电费，在“结算种类”栏填写办理的结算方式。	电汇						5	0	0	0
	合计 人民币(大写)伍拾元整					¥	5	0	0	0

第一联　回单

20

20－1

中国工商银行　转账支票存根

支票号码　№ 11111117

科目：

对方科目：

签发日期：　年　月　日

收款人：	
金额：	
用途：	
备注：	

单位主管：　　　　会计：

20－2

北京市广告业专用发票　　　　　　　　　　　　2016　№ 0135622

发票联　　　京地税　　　　　　　　　　　　　乙 1

客户名称：北京市西飞机械制造有限责任公司　　　地址　　　2018 年 12 月 6 日

项目名称	单位	数量	单价	金额								
				百	十	万	千	百	十	元	角	分
广告制作							3	2	0	0	0	0
						¥	3	2	0	0	0	0
合计金额	⊗佰⊗拾⊗万叁仟贰佰零拾零元零角零分											

二、付款方回执

收款单位（盖章有效）：　　　　地址：　　　　开票人：张颖

21

21－1

北京市服务业专用发票

全国统一发票监制章 国家税务总局监制

发票联 京地税

2016

乙1 №254549

付款单位：北京市西飞机械制造有限责任公司　　　　支票号：

服务项目	单位	数量	单价	金额									备注
				百	十	万	千	百	十	元	角	分	
产品展销费							2	5	0	0	0	0	
人民币金额合计（小写）						¥	2	5	0	0	0	0	
人民币大写			⊗佰⊗拾⊗万贰仟伍佰零拾零元零角零分										

北展中心 发票专用章

二、付款方收执

收款单位：（盖章有效）　　开票人：孙慧　　2018年12月6日

21－2

中国工商银行　转账支票存根

支票号码　№ 11111118

科目：____________________

对方科目：____________________

签发日期：　年　月　日

收款人：	
金额：	
用途：	
备注：	

单位主管：　　　　会计：

复　　核：　　　　记账：

22

22－1　此联不作报销、扣税凭证使用

北京市增值税专用发票
记　账　联

（全国统一发票监制章　国家税务总局监制）

№ 01005513

开票日期：2018 年 12 月 6 日

购货单位	名　　称：山东光讯公司 纳税人识别号：330107002685099 地 址 、电 话：济南市新华街 988 号 88877722 开户行及账号：中国工商银行新华分理处 0759231477	加密区	849020＋84＊〉/8392－5492＊〉〈＋94－738＊//94837－738＊9585736＋〈7499382＊96－＋〈/048839＋8647〉＋748＊049－〈8

货物或应税劳务、服务名称	计量单位	数量	单价	金额								税率（%）	税额						
				十	万	千	百	十	元	角	分		万	千	百	十	元	角	分
乙产品	箱	30	2 500		7	5	0	0	0	0	0	16	1	2	0	0	0	0	0
合计				¥	7	5	0	0	0	0	0		1	2	0	0	0	0	0
价税合计（大写）	⊗拾捌万柒仟零佰零拾零元零角零分			¥87 000.00															

销货单位	名　　称：北京市西飞机械制造有限责任公司 纳税人识别号：110106005566099 地 址 、电 话：北京市开发区 228 号 62500188 开户行及账号：工商银行西坝河分理处 01093378911	备注	

第四联　记账　销货方记账

（北京市西飞机械制造有限责任公司　发票专用章）

收款人：　　复核：　　开票人：马虹　　销货方（章）：

22－2

北京市货物托运业专用发票

发票联

京地税
01　乙1
№ 116352

委托单位：北京市西飞机械制造有限责任公司

货物名称	件数	重量	包装	代垫费用								托运费用							
乙产品	30			项目	万	千	百	十	元	角	分	项目	万	千	百	十	元	角	分
				铁路			3	5	0	0	0	服务费							
				公路								仓储保管费							
				空运								包装费							
				水运								搬倒理货费							
												退运手续费							
				保险费															
				合计		¥	3	5	0	0	0	合计							
总计大写	⊗万⊗仟叁佰伍拾零元零角零分																		

委托人　　　　到站　　　　运单号

收款单位盖章：　　　　经办人：林梅　　　　2018年12月04日

22－3

委邮

委托收款凭证(回单)1

委托日期:2018 年 12 月 6 日

第　号

托收号码:3596

付款人	全称	山东光讯公司	收款人	全称	北京西飞机械制造有限责任公司								
	账号	0759231477		账号	01093378911								
	开户银行	中国工商银行新华分理处		开户银行	中国工商银行北京市分行西坝河分理处		行号	3289					
托收金额		人民币 (大写)捌万柒仟叁佰伍拾元整		百	十	万	千	百	十	元	角	分	
					¥	8	7	3	5	0	0	0	
款项内容			委托收款凭证名称	增值税发票	附寄单订张数或册数		2						
备注:		款项收妥日期 年　月　日		收款人开户银行盖章									

单位主管:　　会计:　　复核:　　记账:

22－4

中国工商银行收款凭证

2018 年 12 月 6 日

第 7 号

户名	北京市西飞机械制造有限责任公司	开户银行	中国工商银行北京市分行西坝河分理处									
账号	01093378911	收费种类	手续费									
1. 客户购买凭证时在“收费种类”栏填写工本费,在“凭证种类”栏填写所购凭证名称。 合计户在办理结算业务时,在“收费种类”栏分别填写手续费或邮电费,在“结算种类”栏填写办理的结算方式。	凭证(结算)种类	单价	数量	万	千	百	十	元	角	分		
	委托收款						5	0	0	0		
	合计 人民币(大写)伍拾元整					¥	5	0	0	0		

第一联 回单

复核:　　记账:

23

23－1

借　款　单

资金性质　　　　　　　　　　2018 年 12 月 1 日

借款单位：采购部门		
借款理由：出差借款		
借款数额：人民币（大写）壹仟贰佰元整	¥1 200.00	
本单位负责人意见：林宇	借款人：刘东	
会计主管核批：王之	付款方式：现金支票	出纳：唐蓉

23－2

收　据

2018 年 12 月 6 日　　　　字№ 0382288

今收到　采购部门刘东

交　来　出差多余借款

人民币（大写）　贰佰伍拾元整　　¥ 250.00

现金收讫

收款单位

公　章

第二联　会计

收款人	红英

交款人	刘东

23－3(8 张报销凭证包括火车票、住宿发票、市内交通发票等，在此省略)

差旅费报销单(代支出凭单)

附件:8 张

2018 年 12 月 6 日

出差人	刘东	共 1 人	职务		部门	采购部门	审批人	林宇
出差事由	采购会议		出差日期	自 2018 年 12 月 1 日 至 2018 年 12 月 5 日共 5 天				
到达地点	西安							
项目金额	交通工具				其他	旅馆费		伙食补助
	火车	汽车	轮船	飞机		住宿 3 天	在途 4 天	住勤 天
	432.00				138.00	300	80.00	
总计人民币(大写)玖佰伍拾元整 ￥950.00								
原借款金额	报销金额		交结余或超支金额 ￥250.00					
1 200.00	950.00		人民币(大写)贰佰伍拾元整					

会计主管：王之　　　　会计：　　　　出纳员：红英

24

北京市增值税专用发票

此联不作报销、扣税凭证使用

№ 01005514

开票日期：2018 年 12 月 6 日

购货单位	
名称	上海祥和公司
纳税人识别号	210100185465329
地址、电话	上海市开发区 24 号 69987960
开户行及账号	中国工商银行浦东分理处 0277831556
加密区	893002 + 〉* 647 − 652〈 + 681 * 7599/ + 837 * 27442〉95729 − 51 * 658792994 + 〈73 * 5802 − 86993//548 − 84 * 7〉884 * 201 + 058/193 + 00

货物或应税劳务、服务名称	计量单位	数量	单价	金额 十	万	千	百	十	元	角	分	税率（%）	税额 万	千	百	十	元	角	分
甲产品	箱	3	3 500		1	0	5	0	0	0	0	16		1	6	8	0	0	0
合计				¥	1	0	5	0	0	0	0		¥	1	6	8	0	0	0

价税合计（大写）：⊗佰⊗拾壹万贰仟壹佰捌拾零元零角零分　¥：12 180.00

销货单位	
名称	北京市西飞机械制造有限责任公司
纳税人识别号	110106005566099
地址、电话	北京市开发区 228 号 62500188
开户行及账号	中国工商银行西坝河分理处 01093378911
备注	（印章：北京市西飞机械制造责任有限公司 发票专用章）

第四联 记账联 销货方记账

收款人：　　复核：　　开票人：马虹　　销货方（章）：

25

25－1

中国工商银行　转账支票存根

支票号码　№ 11111119

科目：____________________

对方科目：____________________

签发日期：*2018 年 12 月 8 日*

收款人：河北信诚公司北京办事处
金额：*88 250.00*
用途：购 *LTUS*
备注：

单位主管：　　　　　　会计：

复　　核：　　　　　　记账：

25 − 2

河北省增值税专用发票

发　票　联

（全国统一发票监制章　国家税务总局监制）

№ 01021268

开票日期：2018 年 12 月 8 日

购货单位	
名　　称	北京市西飞机械制造有限责任公司
纳税人识别号	11006005566099
地 址 、电 话	北京市开发区 228 号 62500188
开户行及账号	工商银行西坝河分理处 01093378911

加密区：01751 − 750725 + 18 ∗ /〈018820866 + 6473〉∗ 616 − 7491〈0815 − 7 ∗ 77519759 + /580 ∗ /150785〉70185〉 − + 90 ∗ /

货物或应税劳务、服务名称	计量单位	数量	单价	金额 十	万	千	百	十	元	角	分	税率（%）	税额 万	千	百	十	元	角	分
LTUS 设备	台	1			7	5	0	0	0	0	0	16	1	2	0	0	0	0	0
合计				¥	7	5	0	0	0	0	0		1	2	0	0	0	0	0

价税合计（大写）：⊗拾捌万柒仟零佰零拾零元零角零分　　¥87 000.00

销货单位	
名　　称	河北信诚公司
纳税人识别号	0031612587623546
地 址 、电 话	石家庄市北新街 5628745
开户行及账号	中国工商银行北新分理处 03039847847

备注：

第二联　发票联　购货方记账凭证

（河北信诚公司　发票专用章）

收款人：　　复核：　　开票人：刘湘　　销货方（章）：

25－3

河北省货物托运业专用发票

发票联

冀地税

01 乙

№ 1113641

委托单位：北京市西飞机械制造有限责任公司

货物名称	件数	重量	包装	代垫费用								托运费用							
LTUS 设备	1			项目	万	千	百	十	元	角	分	项目	万	千	百	十	元	角	分
				铁路								服务费							
				公路		1	2	5	0	0	0	仓储保管费							
				空运								包装费							
				水运								搬倒理货费							
												退运手续费							
				保险费															
				合计	¥	1	2	5	0	0	0	合计							
总计大写	⊗万壹仟贰佰伍拾零元零角零分																		

第二联　发票联

委托人　　　　到站　　　　运单号

收款单位盖章：　　　　经办人：王鼎　　　　2018 年 12 月 8 日

26

坏账损失确认通知

2018 年 12 月 8 日

应收酒苗公司款项 3 510 元已超过三年，向公司领导报批，经批准确定该款项已无法收回，予以注销。

总经理：林宇　　　　会计主管：王之

2018 年 12 月 8 日　　　　2018 年 12 月 5 日

27

27－1

中国工商银行 转账支票存根

支票号码 №11111120

科目：

对方科目：

签发日期：2018年12月10日

收款人：北京华富公司
金额：1 260.00
用途：预付 B 材料款
备注：

单位主管： 会计：

复 核： 记账：

27－2

北京市增值税专用发票

发 票 联

（印章：全国统一发票监制章 国家税务总局监制）

№ 00008946

开票日期：2018 年 12 月 10 日

购货单位	名　　称：北京市西飞机械制造有限责任公司 纳税人识别号：11006005566099 地 址 、电 话：北京市开发区 228 号 62500188 开户行及账号：工商银行西坝河分理处 01093378911	加密区	90125－＊20〉8471－84902/153－85＊78〈/＋8240082＊ 072959＋0186〉＋93＊－283〈845729－〉＋//0374〈73－＋

货物或应税劳务、服务名称	计量单位	数量	单价	金额 十	万	千	百	十	元	角	分	税率（%）	税额 万	千	百	十	元	角	分
B 材料	千克	375	48		1	8	0	0	0	0	0	16		2	8	8	0	0	0
合计				¥	1	8	0	0	0	0	0		¥	2	8	8	0	0	0
价税合计（大写）	⊗拾贰万零仟捌佰捌拾零元零角零分			¥：20 880.00															

销货单位	名　　称：北京华富有限公司 纳税人识别号：110104962253110 地 址 、电 话：北京市宣武路 102 号 98977755 开户行及账号：工商银行新民办事处 010543668892	备注	（印章：北京华富有限公司 发票专用章）

收款人：　　复核：　　开票人：刘红　　销货方（章）：

第二联 发票联 购货方记账凭证

27－3

北京市货物托运业专用发票

发票联

京地税

01 乙 1

№ 3216324

委托单位：北京市西飞机械制造有限责任公司

委托人　　到站　　运单号

货物名称	件数	重量	包装	代垫费用								托运费用							
乙产品		375千克		项目	万	千	百	十	元	角	分	项目	万	千	百	十	元	角	分
				铁路								服务费							
				公路			2	0	0	0	0	仓储保管费							
				空运								包装费							
				水运								搬倒理货费							
												退运手续费							
				保险费															
				合计		¥	2	0	0	0	0	合计							
总计大写	⊗万⊗仟贰佰零拾零元零角零分																		

第二联　发票联

收款单位盖章：　　经办人：张莉　　2018年12月10日

27 - 4

收 料 单

发票号码:№00008946

供应单位:北京华富有限公司　　　　材料单编号:11061

材料类别:原料及主要材料　　　　2018 年 12 月 10 日　　　　收料仓库:材料库

编号	名称	规格	单位	数量		实际成本					计划成本	
				应收	实收	买价		运杂费	其他	合计	单位成本	金额
						单价	金额					
m137	B 材料		千克	375	375							
合计												

采购员:刘东　　　　检验员:张莉　　　　记账员:　　　　保管员:李梦

全国统一发票监制章

中华人民共和国　（2009）

增值税税收缴款书

京国申　　№ 0000011　国

隶属关系：其他单位

经济性质：有限责任公司　　填发日期：2018 年 12 月 10 日　　征收机关：北京市国税局开发区分局

<table>
<tr><td rowspan="4">缴款单位（人）</td><td>代码</td><td colspan="2">8 6 0 7 8 9 0　电话</td><td rowspan="3">预算科目</td><td>编码</td><td colspan="11">010106</td></tr>
<tr><td>全称</td><td colspan="2">北京市西飞机械制造有限责任公司</td><td>名称</td><td colspan="11">有限责任公司增值税</td></tr>
<tr><td>开户银行</td><td colspan="2">中国工商银行北京市分行西坝河分理处</td><td>级次</td><td colspan="11">中央级</td></tr>
<tr><td>账号</td><td colspan="2">01093378911</td><td colspan="2">收缴国税</td><td colspan="11">195 建行开发区支行</td></tr>
<tr><td colspan="4">税款所属时期　年　月　日至　年　月　日</td><td colspan="13">税款限缴日期 2018 年 12 月 10 日</td></tr>
<tr><td rowspan="2">品名名称</td><td rowspan="2">课税数量</td><td rowspan="2">计税金额或销售收入</td><td rowspan="2">税率或单位税额</td><td colspan="2" rowspan="2">已缴或扣缴额</td><td colspan="11">实缴税额</td></tr>
<tr><td>亿</td><td>千</td><td>百</td><td>十</td><td>万</td><td>千</td><td>百</td><td>十</td><td>元</td><td>角</td><td>分</td></tr>
<tr><td>甲、乙产品</td><td></td><td>235 000</td><td>16%</td><td colspan="2">15 450</td><td></td><td></td><td></td><td></td><td>2</td><td>2</td><td>1</td><td>5</td><td>0</td><td>0</td><td>0</td></tr>
<tr><td></td><td></td><td></td><td>李蒲印</td><td colspan="2"></td><td colspan="11"></td></tr>
<tr><td></td><td></td><td></td><td></td><td colspan="2"></td><td colspan="11"></td></tr>
<tr><td colspan="6">金额合计（大写）⊗仟⊗佰⊗拾贰万贰仟壹佰伍拾零元零角零分</td><td></td><td></td><td></td><td>¥</td><td>2</td><td>2</td><td>1</td><td>5</td><td>0</td><td>0</td><td>0</td></tr>
<tr><td colspan="2">缴款单位（盖章）
经办人（章）</td><td></td><td colspan="3">上列款项已收妥并划转收款单位账户
国库（银行）盖章　年　月　日</td><td colspan="11">备注：</td></tr>
</table>

第一联（收据）国库（经收处）收款盖章后退缴款单位（人）作完税凭证也是申报纳税留存依据

（无银行收讫章无效）　　逾期不缴 按税法规定加收滞纳金

29

29－1

中华人民共和国
城建税税收缴款书　　（2009）

№ 7689435

隶属关系：其他单位

经济性质：有限责任公司　　填发日期：2018年12月10日　　征收机关：北京市地方税务局开发区分局

缴款单位（人）	代码	6	6	0	7	8	9	1	电话	62500188	预算科目	编码	100300								
	全称	北京市西飞机械制造有限责任公司										名称	有限责任公司城建税								
	开户银行	中国工商银行北京市分行西坝河分理处										级次	地方级								
	账号	01093378911									收缴国税		295 建行开发区支行								
税款所属时期 2018年11月1日至2018年11月30日											税款限缴日期 2018年12月10日										
品名名称	课税数量	计税金额或销售收入						税率或单位税额			已缴或扣缴额		实缴税额								
													亿	千	百	十	万	千	百	十	元	角	分
增值税		22 150						7%										1	5	5	0	5	0
金额合计（大写）⊗亿⊗仟⊗佰⊗拾⊗万壹仟伍佰伍拾零元伍角零分																	¥	1	5	5	0	5	0
缴款单位（盖章）经办人（章）								上列款项已收妥并划转收款单位账户 国库（银行）盖章　年　月　日					备注：								

（无银行收讫章无效）　　逾期不缴　按税法规定加收滞纳金

第一联（收据）国库（经收处）收款盖章后退缴款单位（人）作完税凭证也是申报纳税留存依据

印 李蒲

北京市开发区国家税务局 业务专用章

29－2

中华人民共和国
教育费附加税收缴款书　　（2016）京地申　　№ 7689438 地

隶属关系：其他单位

经济性质：有限责任公司　　填发日期：2018年12月10日　　征收机关：北京市地方税务局开发区分局

缴款单位（人）			预算科目		
	代码	6 6 0 7 8 9 1　电话 62500188		编码	700300
	全称	北京市西飞机械制造有限责任公司		名称	有限责任公司教育费附加
	开户银行	中国工商银行北京市分行西坝河分理处		级次	地方级
	账号	01093378911	收缴国税		295 建行开发区支行
税款所属时期 2018年11月1日至2018年11月30日			税款限缴日期 2018年12月10日		

品名名称	课税数量	计税金额或销售收入	税率或单位税额	已缴或扣缴额	实缴税额 亿	千	百	十	万	千	百	十	元	角	分
增值税		22 150	3%								6	6	4	5	0
金额合计（大写）⊗亿⊗仟⊗佰⊗拾⊗万⊗仟陆佰陆拾肆元伍角零分										¥	6	6	4	5	0

缴款单位（盖章）经办人（章）	李蒲印	上列款项已收妥并划转收款单位账户 国库（银行）盖章　年　月　日	备注：

第一联（收据）国库（经收处）收款盖章后退缴款单位（人）作完税凭证也是申报纳税留存依据

（无银行收讫章无效）　　逾期不缴　按税法规定加收滞纳金

29－3

全国统一发票监制章

中华人民共和国
个人所得税税收缴款书 （2009）京地申 № 7689437 地

隶属关系：其他单位
经济性质：有限责任公司 填发日期：2018年12月10日 征收机关：北京市地方税务局开发区分局

缴款单位（人）	代码	6 6 0 7 8 9 1　电话 62500188	预算科目 编码	070100
	全称	北京市西飞机械制造有限责任公司	名称	个人所得税
	开户银行	中国工商银行北京市分行西坝河分理处	级次	地方级
	账号	01093378911	收缴国税	295 建行开发区支行
税款所属时期 2018年11月1日至2018年11月30日			税款限缴日期 2018年12月10日	

品名名称	课税数量	计税金额或销售收入	税率或单位税额	已缴或扣缴额	亿	千	百	十	万	千	百	十	元	角	分
工薪所得		40 000	5%	0						2	0	0	0	0	0
工薪所得		40 000	10%	500						3	5	0	0	0	0
工薪所得		15 500	15%	500						1	8	2	5	0	0
金额合计（大写） ⊗亿⊗仟⊗佰⊗拾⊗万柒仟叁佰贰拾伍元零角零分									¥	7	3	2	5	0	0
缴款单位（盖章）经办人（章）		上列款项已收妥并划转收款单位账户 国库（银行）盖章 年 月 日		备注：											

李浦印

北京市开发区国家税务局 业务专用章

第一联（收据）国库（经收处）收款盖章后退缴款单位（人）作完税凭证也是申报纳税留存依据

（无银行收讫章无效） 逾期不缴 按税法规定加收滞纳金

30

30－1

北京市企业资金往来专用发票

（全国统一发票监制章 国家税务总局监制）

（01）

乙 1　　№ 0395851

京国税

客户名称：北京市西飞机械制造有限责任公司　　2018 年 12 月 10 日

往来项目	单位	数量	单价	金额 千	百	十	万	千	百	十	元	角	分	此发票适用范围
B 材料定金							1	7	6	0	0	0	0	本发票由在本市的企业发生除商品销售、提供加工以外的资金往来时使用。如预收款、借款等。
小写金额合计						¥	1	7	6	0	0	0	0	
大写金额	壹万柒仟陆佰元整													

二、发票联

（北京华宝有限公司 发票专用章）

开票单位：北京华宝有限公司　　开票人：王蕊

30－2

中国工商银行 转账支票存根

支票号码 № 11111121

科目：______

对方科目：______

签发日期：2018 年 12 月 10 日

收款人：北京华宝有限公司
金额：17 600.00
用途：预付 B 材料定金
备注：

单位主管：　　会计：

复　　核：　　记账：

31

票据贴现凭证(收账通知)　4

填写日期:2018年12月12日

<table>
<tr><td rowspan="3">申请人</td><td>名称</td><td>北京市西飞机械制造有限责任公司</td><td rowspan="3">贴现汇票</td><td>种类及号码</td><td colspan="10">商业承兑汇票</td></tr>
<tr><td>账号</td><td>01093378911</td><td>发票日</td><td colspan="10">2018年11月12日</td></tr>
<tr><td>开户银行</td><td>中国工商银行北京市分行西坝河分理处</td><td>到期日</td><td colspan="10">2019年2月11日</td></tr>
<tr><td>汇票承兑人</td><td colspan="2"></td><td>账号</td><td></td><td colspan="5">开户银行</td><td colspan="5"></td></tr>
<tr><td rowspan="2">汇票金额
(及贴现金额)</td><td colspan="4" rowspan="2">人民币
(大写)贰万元整</td><td>千</td><td>百</td><td>十</td><td>万</td><td>千</td><td>百</td><td>十</td><td>元</td><td>角</td><td>分</td></tr>
<tr><td></td><td></td><td>¥</td><td>2</td><td>0</td><td>0</td><td>0</td><td>0</td><td>0</td><td>0</td></tr>
<tr><td>年贴现率</td><td colspan="2">贴现利息</td><td rowspan="2" colspan="2">实付现金额</td><td>千</td><td>百</td><td>十</td><td>万</td><td>千</td><td>百</td><td>十</td><td>元</td><td>角</td><td>分</td></tr>
<tr><td>6%</td><td colspan="2">¥200.00</td><td></td><td></td><td>¥</td><td>1</td><td>9</td><td>8</td><td>0</td><td>0</td><td>0</td><td>0</td></tr>
<tr><td colspan="3">上述款项已入你单位账户。
此致
银行盖章
2018年12月12日</td><td colspan="12">备注</td></tr>
</table>

32

32－1

北京市邮局报刊费收据　4

第　号

单位：北京市西飞机械制造有限责任公司　　2018年12月12日

代号	报刊名称	份数	起止期	共计册数	单价	款项
2－355		2	2019.1－12		250	500.00
3－567		2	2019.1－12		200	400.00
4－782		2	2019.1－12		150	300.00
合计（大写）壹仟贰佰元整		¥1 200.00				

32－2

中国工商银行　转账支票存根

支票号码　№ 11111122

科目：

对方科目：

签发日期：　年　月　日

收款人：
金额：
用途：
备注：

单位主管：　　　　会计：

复　　核：　　　　记账：

33

医药费报销单

部门:仓库　　2018年12月12日　　附件1张

姓　名	报销比例	单据张数	单据金额	实报金额	审批意见	备注
李渊	80%	1	300	240	刘眉	
合计		1	300	240		
实报人民币			300	240		

现金收讫

33(附件)

北京市门诊收费专用收据

妊名李渊　　票据 B253－05－02　　№ 623333

项　目	金额	项目	金额
西药	¥100.00	输氧费	
中成药		手术费	180.00
中草药		治疗费	
常规检查	¥20.00	放射费	
CT		化验费	
核磁		输血费	
B超			
合　计	¥300.00	№:928654	
人民币(大写)叁佰元整			
收费员		日期	2018年12月10日

北京市财政局 发票专用章

收据　遗失不补

34（为简化只列示其中一张凭证）

中国工商银行北京市分行代收业务专用发票

发　票　联

京地税

付款单位：北京市西飞机械制造有限责任公司　　2018年12月12日　　（2018）甲　2156843

用户号：MFU86523		电话号码：		二 付款方收执 无银签章无效
上次缴费余额：	0.00	市内小计：	3 155.08	
国内长途小计：	626.57	国际长途小计：	0.00	
漫游小计：	200.35	月租费：	518.00	
频占费：		特服费：		
滞纳金：		IP 话费：		
新业务费：				
		截止日期：2018/11/30		
金额	小写：¥4 500.00 大写：肆仟伍佰元整			

收款人：88095

35

财产清查报告单

2018 年 12 月 12 日

009 号

类别	财产名称规格	单位	单价	数量		盘盈		盘亏		原因
				账存	实存	数量	金额	数量	金额	
	B 材料	千克	50	1 800	1 760			40	2 000	属于非正常损失
合计				1 800	1760			40	2 000	

财务：王之　　审批：沈成　　主管：严实　　保管员：李梦　　制单：王璐

36

36－1

固定资产清理报废单

2018 年 12 月 12 日签发

编号:002

主管部门:生产部门				使用单位:生产加工车间					
名称及型号	单位	数量	原始价值	已提折旧	净值	预计使用年限	实际使用时间	支付清理费	收回变价收入
XD 设备	台	1	18 000	4 340	¥13 660	5	13 个月	0	0
建造单位				报废原因：意外事故遭受毁损		处理意见		部门负责人：董蒲	
建造年份		2017 年 11 月 20 日						公司负责人：李蒲	
出厂号		№451－9							

36－2

中国工商银行进账单(回单或收款通知)

1

交款日期 2018 年 12 月 12 日　　　　第 004 号

付款人	全　称	北京市西飞机械制造有限责任公司	收款人	全　称	中国人民保险公司北京分公司
	账　号	01093378911		账　号	01089423453
	开户银行	中国工商银行北京分行西坝河分理处		开户银行	中国工商银行河西分理处

	亿	千	百	十	万	千	百	十	元	角	分
人民币(大写)肆仟元整					¥	4	0	0	0	0	0
票据种类　转账支票	收款人开户银行盖章										
票据张数　1张											

此联是收款人开户行交给收款人的回单或收款通知

单位主管：　　会计：　　复核：　　记账：

36－3

中国人民保险公司北京分公司
出险损失计算书

赔案编号	200015896	被保险人	北京市西飞机械制造有限责任公司	
保险单号码	010056	通知单号		
批单号次		保品	设备、厂房	
保险金额	¥12 000.00	承保条件		
保险期限	2018年1月1日至12月31日止	运输工具名称及吨位	号次	
出险日期	2018年12月5日10时25分	起讫地点	自　经　到	
出险地点	北京市西飞机械制造有限责任公司加工车间内			
赔款原因：根据中华人民共和国财产保险合同条例有关规定及事故单位010056号投保单，我公司调查后支付保险金4 000元，其余由事故单位自行负责。				
共计（大写）：肆仟元整			证明文件 中国人民保险公司章 2018年12月	

核定：王中华　　审核：李云　　编制：李离

36－4

北京市企业资金往来专用发票

副　联

全国统一发票监制章 国家税务总局监制

客户名称：中国人民保险公司北京分公司　　2018年12月12日　　京国税

往来项目	单位	数量	单价	金额 千	百	十	万	千	百	十	元	角	分	此发票适用范围
保险赔款								4	0	0	0	0	0	本发票由在本市的企业发生除商品销售、提供加工以外的资金往来时使用。如预收款、借款等。
小写金额合计							¥	4	0	0	0	0	0	
大写金额	肆仟元整													

北京市西飞机械制造责任有限公司 发票专用章

三、副联

开票单位：　　开票人：马虹

37

邮

委托收款凭证(收款通知)4

第 5890 号

委托日期：*2018* 年 *12* 月 *6* 日

委托号码：

<table>
<tr><td rowspan="3">付款人</td><td>全称</td><td colspan="3">山东光讯公司</td><td rowspan="3">收款人</td><td>全称</td><td colspan="12">北京市西飞机械制造有限责任公司</td></tr>
<tr><td>账号</td><td colspan="3">0759231477</td><td>账号</td><td colspan="12">01093378911</td></tr>
<tr><td>开户银行</td><td colspan="3">中国工商银行新华分理处</td><td>开户银行</td><td colspan="4">中国工商银行北京市分行西坝河分理处</td><td colspan="4">行号</td><td colspan="4">3289</td></tr>
<tr><td colspan="2" rowspan="2">托收金额</td><td colspan="5" rowspan="2">人民币
(大写)捌万柒仟柒佰伍拾元整</td><td>千</td><td>百</td><td>十</td><td>万</td><td>千</td><td>百</td><td>十</td><td>元</td><td>角</td><td>分</td></tr>
<tr><td></td><td></td><td>¥</td><td>8</td><td>7</td><td>7</td><td>5</td><td>0</td><td>0</td><td>0</td></tr>
<tr><td colspan="2">款项内容</td><td>销售商品</td><td>委托收款凭证名称</td><td colspan="3">增值税发票</td><td colspan="5">附寄单证张数或册书</td><td colspan="5">2 张</td></tr>
<tr><td colspan="3">备注：</td><td colspan="4">上列款项已由付款人开户银行全额划回并收入你方账户内
此致
敬礼
收款人开户银行盖章
12 月 12 日</td><td colspan="10">科目
对方科目
转账
单位主管
复核</td></tr>
</table>

此联是收款人开户银行在款项收妥后给收款人的收款通知

付款人开户银行收到日期 *2018* 年 *12* 月 *6* 日　　　　支付日期 *2018* 年 *12* 月 *11* 日

38

长期借款利息计算表

2018 年 12 月 15 日

借款账号	计息期间	借款金额	借款利率	借款利息	已提利息	合计
003#	12.1－12.15	200 000.00	6%	500.00	3 000.00	3 500.00

核审：王之　　　　制单：王璐

39

39－1

中国工商银行　转账支票存根

支票号码　№11111123

科　　目：

对方科目：

签发日期：2018 年 12 月 15 日

收款人：北京兴隆建筑公司	
金额：17 922.00	
用途：补付工程余款	
备注：	

单位主管：　　　　会计：

复　　核：　　　　记账：

39－2

	董蒲	孙庆	李蒲		王之
备注					
验收单位（盖章） 负责人盖章：李蒲		施工单位（盖章） 负责人盖章：张俊		使用单位（盖章） 负责人盖章：董蒲	

项目竣工验收单

项目名称	出包厂房扩建工程	批准日期	2018年7月8日
项目性质	自用	完成日期	2018年12月15日
合同金额	¥190 000.00	追加金额	¥3 422.00
承包单位	北京兴隆建筑公司	承包方负责人	连　建
预算价	¥200 000.00	决算价	¥193 422
结构类型	砖混结构	建筑面积	200 m^2
验收意见	经验查，质量达到设计要求，同意交付使用		

验收人员	使用部门	外请专家	企业主管	安全员	财务科	
	董蒲	孙庆	李蒲		王之	
备注						
验收单位（盖章） 负责人盖章：李蒲		施工单位（盖章） 负责人盖章：张俊		使用单位（盖章） 负责人盖章：董蒲		

39－3

北京市建筑业专用发票

（全国统一发票监制章 国家税务总局监制）

京地税　　№126588

发　票　联

01 乙 1

付款单位：北京市西飞机械制造有限责任公司

支票号11111122

项目名称	单位	数量	单价	金额 百	十	万	千	百	十	元	角	分
厂房扩建工程						1	7	9	2	2	0	0
	人民币合计金额（小写）				¥	1	7	9	2	2	0	0
合计金额（大写）	⊗佰⊗拾壹万柒仟玖佰贰拾贰元零角零分											
备注：												

二、付款方回执

（北京兴隆建筑公司 发票专用章）

收款单位（盖章有效）　　开票人：柳青　　2018 年 12 月 15 日

40

40－1

北京市增值税专用发票

发　票　联

（全国统一发票监制章　国家税务总局监制）

№ 00121268

开票日期：2018 年 12 月 15 日

购货单位	
名　　称	北京市西飞机械制造有限责任公司
纳税人识别号	11006005566099
地 址 、电 话	北京市开发区 228 号 62500188
开户行及账号	工商银行西坝河分理处 01093378911
加密区	84 * + 〉/849363748 * 12 －959003〈39 * 75 + － －/〈8 + * 53〉 205 －84 +83〉04 * 27/73 － +07629104 +〈94 * －629 +7401

货物或应税劳务、服务名称	计量单位	数量	单价	金额 十	万	千	百	十	元	角	分	税率(%)	税额 万	千	百	十	元	角	分
水费	吨	2 100	2			4	2	0	0	0	0	16			6	7	2	0	0
合计					¥	4	2	0	0	0	0			¥	6	7	2	0	0

价税合计(大写)　⊗拾⊗万肆仟捌佰柒拾贰元零角零分　¥：4 872. 00

销货单位	
名　　称	北京顺发自来水公司
纳 税 人 识 别 号	110100087623546
地　址 、电　话	北京市开发区 195 号 62508842
开 户 行 及 账 号	工商银行延庆县支行 03039847847
备注	（北京顺发自来水公司　发票专用章）

收款人：　　复核：　　开票人：王丽　　销货方(章)：

第二联　发票联　购货方记账凭证

40－2

委托收款凭证（付款通知）5

委托号码：

委邮　　委托日期：2018年12月6日　　付款期限：2018年12月15日　　第18号

<table>
<tr><td rowspan="3">付款人</td><td>全称</td><td>北京市西飞机械制造有限责任公司</td><td rowspan="3">收款人</td><td>全称</td><td colspan="9">北京顺发自来水公司</td></tr>
<tr><td>账号</td><td>01093378911</td><td>账号</td><td colspan="9">110100087623546</td></tr>
<tr><td>开户银行</td><td>中国工商银行北京市分行西坝河分理处</td><td>开户银行</td><td colspan="9">中国工商银行北京市分行延庆县支行</td></tr>
<tr><td colspan="2" rowspan="2">托收金额</td><td colspan="3" rowspan="2">人民币
（大写）肆仟捌佰柒拾贰元整</td><td>百</td><td>十</td><td>万</td><td>千</td><td>百</td><td>十</td><td>元</td><td>角</td><td>分</td></tr>
<tr><td></td><td></td><td>¥</td><td>4</td><td>8</td><td>7</td><td>2</td><td>0</td><td>0</td></tr>
<tr><td colspan="2">款项内容</td><td>水费</td><td>委托收款凭证名称</td><td>增值税发票</td><td colspan="5">附寄单订张数</td><td colspan="4">2张</td></tr>
<tr><td colspan="3">备注：</td><td colspan="11">付款人注意：
1. 根据结算办法规定，上列托收款，在付款期限内未拒付时，即视同全部同意付款。
2. 如需提前付款或多付款时，应另写书面通知送银行办理。
3. 如系全部拒付或部分拒付，应在付款期限内另填拒绝付款理由送银行办理。</td></tr>
</table>

此联是付款人开户银行给付款人按期付款的通知

41

41－1

北京市增值税专用发票

此联不作报销、扣税凭证使用

全国统一发票监制章 国家税务总局监制

№ 01005515

开票日期：2018年12月16日

购货单位	名　　称：北京景顺有限公司 纳税人识别号：110106005567432 地 址 、电 话：北京市房山区 335 号 99966633 开户行及账号：工商银行顺达分理处 01093378848	加密区	84920＋529〈＋4992－8202〉/8498＊40－739＋200〉－739＊ 230＋950〉30－17＋〈10＊02105＋85490〈＋＊75992－〉//843

货物或应税劳务、服务名称	计量单位	数量	单价	金额 十	万	千	百	十	元	角	分	税率（%）	税额 万	千	百	十	元	角	分
甲产品	箱	2	3 500			7	0	0	0	0	0	16		1	1	2	0	0	0
合计					¥	7	0	0	0	0	0		¥	1	1	2	0	0	0
价税合计（大写）	⊗拾⊗万捌仟壹佰贰拾零元零角零分　　¥8 120.00																		

销货单位	名　　称：北京市西飞机械制造有限责任公司 纳税人识别号：11006005566099 地 址 、电 话：北京市开发区 228 号 62500188 开户行及账号：工商银行西坝河分理处 01093378911	备注	北京市西飞机械制造责任有限公司 发票专用章

第四联 记账联 销货方记账

收款人：　　复核：　　开票人：马虹　　销货方（章）：

41－2

国家税务局北京市开发区国家税务局

企业进货退出及索取折让证明单

（2016）乙 1　　　　　　　　№ 00000158

销货单位	全称	北京市西飞机械制造有限责任公司			
	税务登记号	110106005566099			
进货退出	货物名称	单价	数量	货款	税额
	甲产品	3 500.00	2	¥7 000.00	¥1 120.00
索取折让	货物名称	货款	税额	要求	
				折让金额	折让税额
退货或索取折让理由	质量不合格 经办人：董军 单位盖章： 2018 年 12 月 8 日 北京景顺有限公司 发票专用章		税务征收机关签章	经办人：赵明 2018 年 12 月 12 日 北京市开发区国家税务局 业务专用章	
购货单位	全称	北京景顺有限公司			
	税务登记号	110106005567432			

41－3

中国工商银行　转账支票存根

支票号码　№11111124

科　　目：________

对方科目：________

签发日期：2018年12月16日

收款人：北京景顺公司	
金额：8 120.00	
用途：支付退货款	
备注：	

单位主管：　　　　会计：

复　　核：　　　　记账：

42

42－1

北京市增值税专用发票

发　票　联

（全国统一发票监制章　国家税务总局监制）

№ 01004389

开票日期：2018年12月16日

购货单位	名　　称：北京市西飞机械制造有限责任公司 纳税人识别号：11006005566099 地 址 、电 话：北京市开发区228号 62500188 开户行及账号：工商银行西坝河分理处 01093378911	加密区	＊6439＋93206〉849－80185408－＋/840＊〉12〈－＋94990285＋ －31〉9/02＊9300－＋〉95＊5243/9＋9392/

货物或应税劳务、服务名称	计量单位	数量	单价	金额 十	万	千	百	十	元	角	分	税率（%）	税额 万	千	百	十	元	角	分
电费	度	55 050	0.4		2	2	0	2	0	0	0	16		3	5	2	3	2	0
合计				¥	2	2	0	2	0	0	0		¥	3	5	2	3	2	0

价税合计（大写）　⊗拾贰万伍仟伍佰肆拾叁元贰角零分　　¥：25 543.20

销货单位	名　　称：北京永发电业局 纳税人识别号：110100033623546 地 址 、电 话：北京市开发路295号 33399955 开户行及账号：工商银行延庆县支行 03045847847	备注	

（北京永发电业局 发票专用章）

第二联　发票联　购货方记账凭证

收款人：王芳　　复核：　　开票人：李林　　销货方（章）：

42－2

委托收款凭证（付款通知）5

委托号码：

委邮　　委托日期：2018 年 12 月 16 日　　付款期限：2018 年 12 月 19 日　　第　号

<table>
<tr><td rowspan="3">付款人</td><td>全称</td><td colspan="2">北京市西飞机械制造有限责任公司</td><td rowspan="3">收款人</td><td>全称</td><td colspan="9">北京永发电力局公司</td></tr>
<tr><td>账号</td><td colspan="2">01093378911</td><td>账号</td><td colspan="9">03045847847</td></tr>
<tr><td>开户银行</td><td colspan="2">中国工商银行北京市分行西坝河分理处</td><td>开户银行</td><td colspan="9">中国工商银行永安分理处</td></tr>
<tr><td colspan="2" rowspan="2">托收金额</td><td colspan="4" rowspan="2">人民币
（大写）贰万伍仟伍佰肆拾叁元贰角整</td><td>百</td><td>十</td><td>万</td><td>千</td><td>百</td><td>十</td><td>元</td><td>角</td><td>分</td></tr>
<tr><td></td><td>¥</td><td>2</td><td>5</td><td>5</td><td>4</td><td>3</td><td>2</td><td>0</td></tr>
<tr><td colspan="2">款项内容</td><td>电费</td><td>委托收款凭证名称</td><td colspan="2">增值税发票</td><td colspan="5">附寄单订张数</td><td colspan="4">2 张</td></tr>
<tr><td colspan="3">备注：</td><td colspan="12">付款人注意：
1. 根据结算办法规定，上列托收款，在付款期限内未拒付时，即视同全部同意付款。
2. 如需提前付款或多付款时，应另写书面通知送银行办理。
3. 如系全部拒付或部分拒付，应在付款期限内另填拒绝付款理由送银行办理。</td></tr>
</table>

43

中国工商银行进账单(回单或收款通知)　　1

交款日期 2018 年 12 月 4 日　　第 005 号

付款人	全称	北京华光公司	收款人	全称	北京市西飞机械制造有限责任公司
	账号	0189542286		账号	01093378911
	开户银行	中国工商银行惠风分理处		开户银行	中国工商银行北京市分行西坝河分理处

人民币(大写)	亿	千	百	十	万	千	百	十	元	角	分
贰万捌仟元整				¥	2	8	0	0	0	0	0

票据种类　转账支票	收款人开户银行盖章
票据张数　1	

此联是收款人开户行交给收款人的回单或收款通知

单位主管：　　会计：　　复核：　　记账：

44

44－1

中国工商银行进账单(回单或收款通知)

1

交款日期 2018 年 12 月 20 日　　　　第 006 号

付款人	全　称	北京顺通公司	收款人	全　称	北京市西飞机械制造有限责任公司
	账　号	0183568286		账　号	01093378911
	开户银行	中国工商银行惠风分理处		开户银行	中国工商银行北京市分行西坝河分理处

	亿	千	百	十	万	千	百	十	元	角	分
人民币(大写)壹万叁仟伍佰元整				¥	1	3	5	0	0	0	0
票据种类　转账支票	收款人开户银行盖章										
票据张数　1											

此联是收款人开户行交给收款人的回单或收款通知

单位主管：　　　　会计：　　　　复核：　　　　记账：

44－2

北京市服务业专用发票

全国统一发票监制章　国家税务总局监制

副　联

京地税
2009　№ 254598
乙 1

付款单位：北京顺通公司　　　　支票号：0195876255

服务项目	单位	数量	单价	金额 百	十	万	千	百	十	元	角	分	备注
001#专利权所有权转让					1	3	5	0	0	0	0	0	
人民币金额合计（小写）				¥	1	3	5	0	0	0	0	0	
人民币大写			⊗佰壹拾叁万伍仟零佰零拾零元零角零分										

发票系北京市地方税务局印制不准仿制

三、收款方记账

北京市西飞机械制造有限责任公司　发票专用章

收款单位：（盖章有效）　　开票人：马虹　　2018 年 12 月 16 日

45

45－1

借款利息计算表

借款期间：2018 年 6 月 20 日—2018 年 12 月 20 日

借款性质	借款证号	借款金额	借款利率	借款利息	已提利息	合计
短期借款	004	36 000.00	7.2%	144.00	1 152.00	1 296.00

审核：王之　　　　制单：马虹

45－2

中国工商银行贷款还款凭证

收款日期 2018 年 12 月 20 日　　　　号码：

<table>
<tr><td>借款单位名称</td><td colspan="2">北京市西飞机械制造有限责任公司</td><td>贷款账号</td><td colspan="3">201145488</td><td colspan="2">结算账号</td><td colspan="5">01093378911</td></tr>
<tr><td rowspan="2">还款金额（大写）</td><td colspan="3" rowspan="2">叁万陆仟元整</td><td>千</td><td>百</td><td>十</td><td>万</td><td>千</td><td>百</td><td>十</td><td>元</td><td>角</td><td>分</td></tr>
<tr><td></td><td></td><td>¥</td><td>3</td><td>6</td><td>0</td><td>0</td><td>0</td><td>0</td><td>0</td></tr>
<tr><td rowspan="2">贷款种类</td><td colspan="3" rowspan="2">流动资金借款</td><td colspan="5">借出日期</td><td colspan="5">原约定还款日期</td></tr>
<tr><td colspan="5">2018 年 06 月 20 日</td><td colspan="5">2018 年 12 月 20 日</td></tr>
<tr><td colspan="8">上述借款请从本单位 01093378911 存款户中支付。
借款单位盖章</td><td colspan="6">会计分录：
收：
付：
复核员：　　记账员：</td></tr>
</table>

第三联 偿还贷款收据

45－3

<u>中国工商银行计算利息清单</u>

2018年12月20日

<table>
<tr><td colspan="2">户名</td><td colspan="11">北京市西飞机械制造有限责任公司</td><td>账号</td><td colspan="9">01093378911</td></tr>
<tr><td colspan="2">开户银行</td><td colspan="21">中国工商银行北京市分行西坝河分理处</td></tr>
<tr><td>起息
日期</td><td>结期
日期</td><td>天数</td><td colspan="10">积数</td><td>利率</td><td colspan="9">利息</td></tr>
<tr><td></td><td></td><td></td><td>千</td><td>百</td><td>十</td><td>万</td><td>千</td><td>百</td><td>十</td><td>元</td><td>角</td><td>分</td><td rowspan="2">7.2%</td><td>百</td><td>千</td><td>万</td><td>千</td><td>百</td><td>十</td><td>元</td><td>角</td><td>分</td></tr>
<tr><td></td><td></td><td></td><td></td><td></td><td>¥</td><td>3</td><td>6</td><td>0</td><td>0</td><td>0</td><td>0</td><td>0</td><td></td><td></td><td>¥</td><td>1</td><td>2</td><td>9</td><td>6</td><td>0</td><td>0</td></tr>
<tr><td colspan="13">上列贷款利息，已从你单位01093378911存款中支付。

银行盖章</td><td colspan="10">科目
对方科目

复核员：　　　记账员：</td></tr>
</table>

46

中国工商银行进账单(回单或收款通知)

1

交款日期 2018 年 12 月 20 日　　　　第 007 号

付款人		收款人	
全　称	湖北硕实公司	全　称	北京市西飞机械制造有限责任公司
账　号	0388348217	账　号	01093378911
开户银行	中国工商银行安华分理处	开户银行	中国工商银行北京市分行西坝河分理处

人民币(大写)	亿	千	百	十	万	千	百	十	元	角	分
壹仟肆佰零肆元整					¥	1	4	0	4	0	0

票据种类	转账支票
票据张数	1

收款人开户银行盖章

此联是收款人开户行交给收款人的回单或收款通知

单位主管：　　　　会计：　　　　复核：　　　　记账：

47

北京证券开发路营业所

2018 年 12 月 20 日　　　　成交过户交割凭证　　　　买	
公司代码:12345 股东账号:12345678 资金账号:8868 股东姓名:北京市西飞机械制造有限责任公司	证券名称:大众交通 代码:600611 成交数量:3 000 成交价格:45 成交金额:135 000
申请编号:763 申请时间:09:25:09 成交时间:09:30:02 资金前金额:250 640. 10 资金余额:114 519. 60 证券前余额:0 股 本次余额:3 000 股	标准佣金:580. 50 过户费用: 印花税:540. 00 附加费用: 其他费用: 实际收付金额:136 120. 50
备注:股票买卖	

48

同意将一年前收到的包装物押金 2100 元作为其他业务收入转账。

总经理：李蒲　　　　会计主管：王之

2018 年 12 月 20 日　　　　2018 年 12 月 20 日

49

借 款 单

资金性质　　　　2018 年 12 月 21 日

借款单位：行政部门		
借款理由：定额备用金		
借款数额：人民币（大写）捌佰元整	¥800.00	
被单位负责人意见：林宇	借款人：李云	
会计主管核批：王之	付款方式：现金支票	出纳：红英

50

中国工商银行　现金支票存根

支票号码　XIII100001111

科　　目：

对方科目：

签发日期：2018 年 12 月 23 日

收款人：北京市西飞机械制造有限责任公司
金额：179 225. 00
用途：备发工资
备注：

单位主管：　　　会计：

复　　核：　　　记账：

51

工资结算汇总表

2018 年 12 月 23 日

部门名称	基本工资		辅助工资			缺勤扣款				应付工资	代扣款项			实发工资
	标准工资	岗位工资	工资性津贴	职务补贴	奖金	病假扣款	事假扣款	…	合计		个人所得税	…	合计	
动力车间小计	19 340	9 630	8 430	400	27 614	4	10	…	14	65 400	570	…	570	63 830
生产工人	18 500	9 120	8 080		26 714	4	10	…	14	62 400	494	…	494	61 906
车间管理人员	840	510	350	400	900			…		3 000	76	…	76	2 924
动力车间	1 080	580	510	300	1 130			…		3 600	30	…	30	3 570
销售部	1 820	1 110	1 020	600	8 050. 31	63. 31	37	…	100. 31	12 500	625	…	625	11 875
管理部门小计	19 040	12 480	10 270	8 100	47 210			…		97 100	5 690	…	5 690	91 410
企划部	4 850	3 450	3 300	2 400	11 100			…		25 100	1815	…	1 815	23 285
财务部	1 940	1 100	950	600	3 700			…		8 290	361	…	361	7 929
科研中心	8 650	7 080	5 370	4 550	28 710			…		54 360	3134	…	3 134	51 226
供应部	2 050	450	350	300	1 900			…		5 050	205	…	205	4 845
库房	1 550	400	300	250	1 800			…		4 300	175	…	175	4 125
福利部门	1 870	1 080	900	750	3 300					7 900	360		360	7 540
工资总额合计	43 150	24 880	21 130	10 150	87 304. 31				114. 31	186 500	7 275		7 275	179 225

主管：李蒲　　审核：王之　　制表：唐请

52

北京证券开发路营业所

2018 年 12 月 25 日　　成交过户交割凭单　　买	
公司代码:12345 股东账号:12345678 资金账号:8868 股东姓名:北京市西飞机械制造有限责任公司	证券名称:大众交通;代码:600611 成交数量:3 000 成交价格:1 成交金额:3 000. 00
申请编号:763 申请时间:10:02:39 成交时间:10:02:45 资金前金额:114 519. 60 资金余额:117 519. 60 证券前余额:3 000 股 本次余额:3 000 股	标准佣金: 过户费用: 印花税: 附加费用: 其他费用: 实际收付金额:3 000. 00
备注:发放股利	

53

53 -1

无形资产价值摊销表

2018 年 12 月 31 日

无形资产名称	账面价值	本月摊销额	摊余价值
002#专利权		2 000	
合计			

财务主管：　　　　制表：

53 -2

财产保险费摊销表

2018 年 12 月 31 日

保险资产名称	账面价值	本月摊销额	摊余价值
合计			

财务主管：　　　　制表：

54

54－1

中国工商银行现金存款凭证

年　月　日

<table>
<tr><td rowspan="3">收款人</td><td>全称</td><td colspan="12"></td></tr>
<tr><td>账号</td><td></td><td colspan="6">款项来源</td><td colspan="5"></td></tr>
<tr><td>开户行</td><td></td><td colspan="6">交款人</td><td colspan="5"></td></tr>
<tr><td colspan="3" rowspan="2">金额大写</td><td>千</td><td>百</td><td>十</td><td>万</td><td>千</td><td>百</td><td>十</td><td>元</td><td>角</td><td>分</td></tr>
<tr><td></td><td></td><td></td><td></td><td></td><td></td><td></td><td></td><td></td><td></td></tr>
</table>

<table>
<tr><td>票面</td><td>张数</td><td>票面</td><td>张数</td><td>票面</td><td>张数</td><td>会计分录：
借：
贷：
记账　　复核
出纳　　复核</td></tr>
</table>

注：客户未填列币种视为人民币存款。

附资料：（此表不作原始凭证）

现钞清单

票面	张数	票面	张数
100	16	2	1
50	4	1	3
20	1	0. 10	1
10		0. 05	4
5		0. 01	

54－2

收　据

2018 年 12 月 31 日　　　　字№ 0382289

今收到　生产车间

交　来　马聪违规操作罚款

人民币(大写)　壹仟捌佰壹拾贰元叁角玖分　　¥ 1 812.39

现金收讫

收款单位
公　章

第二联　会计

收款人	红英

交款人	马聪

55

55－1

北京市增值税专用发票

（全国统一发票监制章　国家税务总局监制）

№ 01004389

此联不作报销、扣税凭证　　开票日期：2018 年 12 月 18 日

购货单位	名　　称：河北玉田公司 纳税人识别号：440106683243212 地 址 、电 话：河北廊坊开发区 14 号 22255500 开户行及账号：廊坊工行分理处 0189543254	加密区	1049＋＜84＊/920－821/8496390＋＞＋920＊9502＜－82＋ 9482－＊75902＞085380＋30＜＋9430/＊93

货物或应税劳务、服务名称	计量单位	数量	单价	金额 十	万	千	百	十	元	角	分	税率（%）	税额 十	万	千	百	十	元	角	分
甲产品	箱	20	3 500		7	0	0	0	0	0	0	16		1	1	2	0	0	0	0
合计				¥	7	0	0	0	0	0	0		¥	1	1	2	0	0	0	0
价税合计（大写）	捌万壹仟贰佰零拾零元零角零分			¥：81 200.00																

销货单位	名　　称：北京市西飞机械制造有限责任公司 纳 税 人 识 别 号：110060055566099 地 址 、电 话：北京市开发区 228 号 62500188 开 户 行 及 账 号：工商银行西坝河分理处 01093378911	备注	

（北京市西飞机械制造有限责任公司　发票专用章）

第四联　记账联　销货方记账

收款人：　　复核：　　开票人：马虹　　销货方（章）：

55－2

中国工商银行进账单（回单或收款通知）

1

交款日期 2018 年 12 月 31 日　　　　第 009 号

<table>
<tr><td rowspan="3">付款人</td><td>全　称</td><td>河北玉田公司</td><td rowspan="3">收款人</td><td>全　称</td><td colspan="11">北京市西飞机械制造有限责任公司</td></tr>
<tr><td>账　号</td><td>廊坊工行分理处 0189543254</td><td>账　号</td><td colspan="11">01093378911</td></tr>
<tr><td>开户银行</td><td>中国工商银行九龙山分理处</td><td>开户银行</td><td colspan="11">中国工商银行北京市分行西坝河分理处</td></tr>
<tr><td colspan="5" rowspan="2">人民币（大写）捌万壹仟贰佰元整</td><td>亿</td><td>千</td><td>百</td><td>十</td><td>万</td><td>千</td><td>百</td><td>十</td><td>元</td><td>角</td><td>分</td></tr>
<tr><td></td><td></td><td></td><td>¥</td><td>8</td><td>1</td><td>2</td><td>0</td><td>0</td><td>0</td><td>0</td></tr>
<tr><td colspan="5">票据种类　转账支票</td><td colspan="11" rowspan="2">收款人开户银行盖章</td></tr>
<tr><td colspan="5">票据张数　1</td></tr>
</table>

此联是收款人开户行交给收款人的回单或收款通知

单位主管：　　　　会计：　　　　复核：　　　　记账：

56

56－1

北京市增值税专用发票

全国统一发票监制章 国家税务总局监制

№ 01004389

开票日期：*2018* 年 *12* 月 *31* 日

购货单位	
名　　称	广东昌荣公司
纳税人识别号	440106683243212
地址、电话	广州市开发区 14 号 22255500
开户行及账号	开发区分理处 0189543254

加密区
204－83/＜37＊812189382＋－3894＞859/＊75802－/＜2848
－729＊＋7901－85/＞01554747－＊5801－＞－＋820－

货物或应税劳务、服务名称	计量单位	数量	单价	金额								税率（%）	税额						
				十	万	千	百	十	元	角	分		万	千	百	十	元	角	分
甲产品	箱	80	3 500	2	8	0	0	0	0	0	0	16	4	4	8	0	0	0	0
合计				2	8	0	0	0	0	0	0		4	4	8	0	0	0	0

价税合计（大写）　叁拾贰万肆仟捌佰零拾零元零角零分　　¥ 324 800. 00

销货单位	
名　　称	北京市西飞机械制造有限责任公司
纳税人识别号	11006005566099
地址、电话	北京市开发区 228 号 62500188
开户行及账号	工商银行西坝河分理处 01093378911

备注

北京市西飞机械制造有限责任公司 发票专用章

第四联　记账联　销货方记账

此联不作报销、扣税凭证使用

收款人：　　　复核：　　　开票人：马虹　　　销货方（章）：

56－2

托收承付凭证(回单) 1

委托号码

委邮 委托日期:2018年12月31日 付款期限2018年12月31日 第 号

<table>
<tr><td rowspan="3">付款人</td><td>全称</td><td colspan="2">广东昌荣公司</td><td rowspan="3">收款人</td><td>全称</td><td colspan="10">北京市西飞机械制造有限责任公司</td></tr>
<tr><td>账号</td><td colspan="2">01089543254</td><td>账号</td><td colspan="10">01093378911</td></tr>
<tr><td>开户银行</td><td colspan="2">中国工商银行河东分理处</td><td>开户银行</td><td colspan="10">中国工商银行北京市分行西坝河分理处</td></tr>
<tr><td rowspan="2">托收金额</td><td colspan="5" rowspan="2">人民币
(大写)叁拾贰万肆仟捌佰零拾零元零角零分</td><td>千</td><td>百</td><td>十</td><td>万</td><td>千</td><td>百</td><td>十</td><td>元</td><td>角</td><td>分</td></tr>
<tr><td></td><td>¥</td><td>3</td><td>2</td><td>4</td><td>8</td><td>0</td><td>0</td><td>0</td><td>0</td></tr>
<tr><td colspan="3">附件 增值税发票</td><td colspan="3">商品发运情况</td><td colspan="10">合同名称号码</td></tr>
<tr><td colspan="2">附寄单证
张数或册书</td><td>2</td><td colspan="3">铁路托运</td><td colspan="10"></td></tr>
<tr><td colspan="3">备注：</td><td colspan="3">款项收妥日
年 月 日</td><td colspan="10">收款人开户银行盖章
2018年12月31日</td></tr>
</table>

56 –3

中国工商银行收费凭证

2018 年 12 月 31 日　　　　第　号

户名	北京市西飞机械制造有限责任公司	开户银行	中国工商银行北京市分行西坝河分理处
账号	01093378911	收费种类	手续费

	凭证(结算)种类	单价	数量	万	千	百	十	元	角	分
1. 客户购买凭证时在“收费种类”栏填写工本费,在“凭证种类”栏填写所购凭证名称。 2. 客户在办理结算业务时,在“收费种类”栏分别填写手续费或邮电费,在“结算种类”栏填写办理的结算方式	托收承付凭证						5	0	0	0
	合计 人民币(大写)伍拾元整					¥	5	0	0	0

第一联 回单

复核:　　　　记账:

57

57－1

北京市增值税专用发票

№ 01005517

开票日期：2018 年 12 月 31 日

购货单位	
名　　称	北京宏发公司
纳税人识别号	11010663526423
地址、电话	北京市九龙山 114 号 11122277
开户行及账号	中国工商银行九龙山分理处 89534465

加密区：+930 * 852 －0/ < 8 －0851 －820858 > + 74910 * 614 + 091449 －90 >/ + 8501 －/85 * 9150409 －2 + 2 －15/ > －8519 *

货物或应税劳务、服务名称	计量单位	数量	单价	金额								税率（%）	税额						
				十	万	千	百	十	元	角	分		万	千	百	十	元	角	分
乙产品	箱	120	2 500	3	0	0	0	0	0	0	0	16	4	8	0	0	0	0	0
合计				3	0	0	0	0	0	0	0		4	8	0	0	0	0	0

价税合计（大写）：叁拾肆万捌仟零佰零拾零元零角零分　　¥：348 000.00

销货单位	
名　　称	北京市西飞机械制造有限责任公司
纳税人识别号	110060055566099
地址、电话	北京市开发区 228 号 62500188
开户行及账号	工商银行西坝河分理处 01093378911

备注：

收款人：　　复核：　　开票人：马虹　　销货方（章）：

第四联 记账联 销货方记账

此联不作报销、扣税凭证使用

57－2

中国工商银行进账单（回单或收款通知）　　1

交款日期 2018 年 12 月 31 日　　第 009 号

付款人	全　　称	北京宏发公司	收款人	全　　称	北京市西飞机械制造有限责任公司
	账　　号	89534465		账　　号	01093378911
	开户银行	中国工商银行九龙山分理处		开户银行	中国工商银行北京市分行西坝河分理处

人民币（大写）叁拾肆万捌仟元整	亿	千	百	十	万	千	百	十	元	角	分
			¥	3	4	8	0	0	0	0	0
票据种类　转账支票	收款人开户银行盖章										
票据张数　1											

此联是收款人开户行交给收款人的回单或收款通知

单位主管：　　会计：　　复核：　　记账：

58

收料凭证汇总表

年　月　日

附单据　张

单位：元

材料名称	原料及主要材料			……	合计		
	实际成本	计划成本	差异额	……	实际成本	计划成本	差异额
合计							

财务主管：　　　　　　　　　　　　　　　　制表人：

59

59－1

领　料　单

仓库：材料库　　　　　2018年12月1日　　　　　领料单编号：L－01

编号	类别	材料名称	规格	单位	数量		计划价格	
					请领	实发	单价	金额
		A材料		千克	620	620		
用途	加工车间使用				领料部门		发料部门	
					负责人	领料人	核准人	发料人
					董蒲	田力	严实	李梦

59－2

领　料　单

仓库：材料库　　　　2018 年 12 月 15 日　　　　领料单编号：L－04

编号	类别	材料名称	规格	单位	数量		计划价格	
					请领	实发	单价	金额
		A 材料		千克	400	400		
用途	加工车间使用				领料部门		发料部门	
					负责人	领料人	核准人	发料人
					董蒲	田力	严实	李梦

59－3

领　料　单

仓库：材料库　　　　2018 年 12 月 2 日　　　　领料单编号：L－03

编号	类别	材料名称	规格	单位	数量		计划价格	
					请领	实发	单价	金额
		B 材料		千克	1 500	1 500		
用途	加工车间使用				领料部门		发料部门	
					负责人	领料人	核准人	发料人
					董蒲	田力	严实	李梦

59－4

领 料 单

仓库：材料库

2018年12月2日

领料单编号：L－05

编号	类别	材料名称	规格	单位	数量		计划价格	
					请领	实发	单价	金额
		B材料		千克	80	80		
用途	企划部使用				领料部门		发料部门	
					负责人	领料人	核准人	发料人
					董蒲	田力	严实	李梦

59－5

发料凭证汇总表

年 月 日

附单据 张

部门	材料名称	领用数量（千克）	计划单价	计划总额
	小计			
合计				

财务主管： 制表人：

59－6

共耗材料费用分配表

材料名称　　　　年　月　日

产品名称	单位	投产量	单位产品材料消耗定额	材料定额用量	分配率	应分配材料计划成本
合计						

财务主管：　　　　制表人：

59－7

共耗材料费用分配表

材料名称　　　　年　月　日

产品名称	单位	投产量	单位产品材料消耗定额	材料定额用量	分配率	应分配材料计划成本
合计						

财务主管：　　　　制表人：

59－8

材料费用分配汇总表

年　月　日

单位：元

应借科目	投产量	共耗原材料的分配			直接耗用的原材料费用	耗用原材料费用总额
		分配标准	分配率	应分配的原材料费用		
合计						

财务主管：　　　　制表人：

59－9

发出材料成本差异计算表

年　月　日

单位：元

应借科目	明细科目	发出材料计划成本	差异率	差异额
合计				

财务主管：　　　　制表人：

60

各部门用水量记录

12 月 31 日

使用部门	单价(元/立方米)	用水量(立方米)
加工车间		150
动力部门		1 400
管理部门		150
销售部门		50
食　堂		350
合　计	2	2 100

61

各部门用水分配表

年　月　日

使用部门	单价(元/立方米)	用水量(立方米)	金额(元)
合计			

财务主管：　　　　制表：

62

工资费用分配表

年　月　日

单位:元

应借科目		生产工人工资额分配			直接工资	合计
		生产工时	分配率	分配金额		
	小计					
合计						

财务主管：　　　　　　　　　　制表：

63

63 - 1

职工福利费计提分配表

年　月　日

单位:元

应借科目		计提基数	应付福利费	
			计提比例	计提金额
	小计			
合计				

财务主管:　　　　　　　　制单:

63－2

工会经费及职工教育计提分配表

年　月　日

单位:元

应借科目	计提基数	工会经费		职工教育经费	
		计提费用	计提金额	计提比例	计提金额
合计					

财务主管：　　　　制单：

64

固定资产修理费用表

年　月　日

部门	设备名称	应借科目	金额
			2 600.00
合计			¥2 600.00

财务主管：　　　　制单：

65

固定资产折旧计算表

年　月　日　　　　　　　　　　　　　　单位:元

使用单位	固定资产类别	月初应计折旧固定资产原值	月分类折旧率	月折旧额
加工车间	房屋及构筑物	1 000 000.00	0.8	
	通用设备	5 992 000.00	2.0	
	电子设备及其他通信设备	4 000.00	2.0	
	交通运输设备	4 000.00	2.0	
	小计	7 000 000.00		
动力车间	房屋及构筑物			
	通用设备	75 000.00	0.8	
	电子设备及其他通信设备	10 000.00	2.0	
	小计	85 000.00		
库房	房屋及构筑物	112 000.00	0.8	
	通用设备		2.0	
	电子设备及其他通信设备	8 000.00	2.0	
	小计	120 000.00		
科研中心	房屋及构筑物	2 000 000.00	0.8	
	通用设备		2.0	
	电子设备及其他通信设备	500 000.00	2.0	
	小计	2 500 000.00		

续表

使用单位	固定资产类别	月初应计折旧固定资产原值	月分类折旧率	月折旧额
财务科	房屋及构筑物	2 000 000.00	0.8	
	通用设备		2.0	
	电子设备及其他通信设备	10 000.00	2.0	
	小计	210 000.00		
企划科	房屋及构筑物	250 000.00	0.8	
	通用设备		2.0	
	电子设备及其他通信设备	100 000.00	2.0	
	交通运输设备	450 000.00	2.0	
	小计	800 000.00		
供应科	房屋及构筑物	100 000.00	0.8	
	通用设备		2.0	
	电子设备及其他通信设备	4 000.00	2.0	
	小计	104 000.00		
销售科	房屋及构筑物	300 000.00	0.8	
	通用设备		2.0	
	电子设备及其他通信设备	4 000.00	2.0	
	小计	304 000.00		
食堂	房屋及构筑物	24 000.00	0.8	
	通用设备		2.0	
	电子设备及其他通信设备	4 000.00	2.0	
	交通运输设备	50 000.00	2.0	
	小计	78 000.00		
合计		11 201 000.00		

审核人： 制表人：

66

66－1

各部门受益数量统计表

2018 年 12 月 31 日　　　　单位:度

部门		接受劳务数量	备注
动力车间		1 412	
加工部门	生产用	43 900	
	管理用	1 000	
	小计	44 900	
管理部门	库房	300	
	科研中心	6 500	
	财务科	800	
	企划科	800	
	供应科	300	
	小计	8 700	
销售部		1 050	
食堂		400	
合计		56 462	

制表人:　　　　董力

66－2

辅助生产费用分配表

年　月　日

单位：元

辅助生产车间名称					合计
待分配辅助生产费用					
分配劳务总量（度）					
费用分配率					
		耗用数量			
		分配数量			
		耗用数量			
		分配数量			
		耗用数量			
		分配数量			
		耗用数量			
		分配数量			
		耗用数量			
		分配数量			

财务主管：　　　　　　制表人：

66 -3

辅助生产费用分配表

年 月 日　　　　单位:元

车间	产品	实际工时	分配率	分配金额
合计				

财务主管:　　　　制表人:

67

制造费用分配表

车间:　　　　年 月 日　　　　单位:元

分配对象(产品)	分配标准(实际工时)	分配率(单位成本)	分配金额
合计			

财务主管:　　　　制表人:

68 （5张产品入库单省略）

68－1

入库产品汇总表

第1201号

科目________　　日期:2018年12月31日　　对方科目________

名称	单位	数量	单价	金额									备注
				百	十	万	千	百	十	元	角	分	
甲产品	箱	80											
乙产品	箱	160											
合计													

附件5张

主管：　会计：　质检员：张莉　保管员：李渊　经手人：董蒲

68－2

完工产品与月末在产品成本分配表

产品：　　年　月　日　　单位：元

成本项目	月初在产品成本	本月生产费用	合计	完工产品产量	月末在产品约当产量	单位成本	月末在产品成本	完工产品成本
直接材料								
直接人工								
制造费用								
合计								

财务主管：　　制表：

68－3

完工产品与月末在产品成本分配表

产品：　　　　年　月　日　　　　单位：元

成本项目	月初在产品成本	本月生产费用	合计	完工产品产量	月末在产品约当产量	单位成本	月末在产品成本	完工产品成本
直接材料								
直接人工								
制造费用								
合计								

财务主管：　　　　制表：

68－4

完工产品成本汇总表

年　月　日

附单据　张

单位：元

产品名称	计量单位	产量	直接材料	直接人工	制造费用	总成本	单位成本

财务主管：　　　　制表：

69

69－1

出库产品汇总表

第 116 号

科目________ 日期:*2018* 年 *12* 月 *31* 日 对方科目________

名称	单位	数量	单价	金额									用途或原因
				百	十	万	千	百	十	元	角	分	
甲产品	箱												销售
乙产品	箱												销售
合计													

附件5张

主管: 会计: 保管员:李渊 经手人:张勤

69－2

产品出库单

购货单位:北京东兴公司 *2018* 年 *12* 月 *4* 日 编号:XH101

用途	产品名称规格	单位	数量	单位成本	总成本	备注
销售	甲产品	箱	20			自提

主管: 会计: 保管员:李渊 经手人:张勤

69－3

产品出库单

购货单位：山东光讯公司　　2018 年 12 月 6 日　　编号：XH102

用途	产品名称规格	单位	数量	单位成本	总成本	备注
销售	乙产品	箱	30			铁路

主管：　　会计：　　保管员：李渊　　经手人：张勤

69－4

产品出库单

购货单位：上海祥和公司　　2018 年 12 月 6 日　　编号：XH103

用途	产品名称规格	单位	数量	单位成本	总成本	备注
销售	甲产品	箱	3			铁路

主管：　　会计：　　保管员：李渊　　经手人：张勤

69－5

产品出库单

购货单位：北京东兴公司　　2018 年 12 月 16 日　　编号：XH104

用途	产品名称规格	单位	数量	单位成本	总成本	备注
销售退回	甲产品	箱	2			

主管：　　会计：　　保管员：李渊　　经手人：张勤

69－6

产品出库单

购货单位：北京昌荣公司　　2018 年 12 月 31 日　　编号：XH105

用途	产品名称规格	单位	数量	单位成本	总成本	备注
销售	甲产品	箱	80			公路

主管：　　会计：　　保管员：李渊　　经手人：张勤

69－7

产品出库单

购货单位：北京东兴公司　　2018 年 12 月 31 日　　编号：XH106

用途	产品名称规格	单位	数量	单位成本	总成本	备注
销售	乙产品	箱	120	2 500	300 000	自提

主管：　　会计：　　保管员：李渊　　经手人：张勤

69－8

主营业务成本计算表

年　月　日

附单据　张

单位：元

产品名称	期初结存			本期完工入库			本期销售		
	数量	单位成本	总成本	数量	单位成本	总成本	数量	单位成本	总成本
合计									

财务主管：　　制表：

70

应交增值税计算表

年 月 日至 月 日

单位:元

<table>
<tr><td colspan="4">项目</td><td>销售额</td><td>税额</td><td>备注</td></tr>
<tr><td rowspan="5">销项</td><td rowspan="4">应税
货物</td><td>货物名称</td><td>适用税率(%)</td><td></td><td></td><td></td></tr>
<tr><td></td><td></td><td></td><td></td><td></td></tr>
<tr><td></td><td></td><td></td><td></td><td></td></tr>
<tr><td>小计</td><td></td><td></td><td></td><td></td></tr>
<tr><td colspan="2">应税劳务 1.</td><td></td><td></td><td></td><td></td></tr>
<tr><td rowspan="2">进项</td><td colspan="3">本期进项税额发生额</td><td colspan="3"></td></tr>
<tr><td colspan="3">进项税额转出 1.</td><td colspan="3"></td></tr>
<tr><td colspan="4">应纳税额</td><td colspan="3"></td></tr>
</table>

会计主管: 制表

71

应交城建税、教育费附加计算表

年 月 日至 月 日

单位:元

<table>
<tr><td rowspan="3">业务种类</td><td colspan="2">计税基础</td><td rowspan="2">税率</td><td rowspan="2">计提金额</td></tr>
<tr><td>增值税</td><td></td></tr>
<tr><td>1</td><td></td><td>2</td><td>3 = 1 × 2</td></tr>
<tr><td></td><td></td><td></td><td></td><td></td></tr>
<tr><td></td><td></td><td></td><td></td><td></td></tr>
<tr><td></td><td></td><td></td><td></td><td></td></tr>
<tr><td>合计</td><td></td><td></td><td></td><td></td></tr>
</table>

会计主管: 制表:

72

管理费用中列支的税金摊销表

年　月　日

单位:元

项目	应计税基础	适用税率(额)	全年应提税额	本期应摊销税额	备注
房产税					
车船税					
土地使用税					
合计					

财务主管:　　　　　　制表:

73

长期借款利息计算表

2018 年 12 月 31 日

单位:元

借款账号	计息期间	借款金额	借款利率	借款利息	已提利息	合计
006#	12.01－12.31	200 000.00	5.4%	900.00		201 600.00
004#	12.01－12.31	500 000.00	5.76%	2 400.00	55 200.00	557 600.00
003#	12.01－12.31	200 000.00	6%	500.00	3 500.00	204 000.00
002#	12.01－12.31	3 500 000.00	7.5%	25 000.00	700 000.00	4 225 000.00
合计		4 400 000.00		27 800.00	758 700.00	5 186 500.00

财务主管:王之　　　　　　制表:马虹

74

材料盘亏(盈)处理通知单

2018 年 12 月 31 日

经审查确认盘亏材料属于非常损失,盘亏材料处理如下:保管员常浩负担 500 元,其余作营业外支出处理。

总经理:李南 2018. 12. 31	会计主管:王之 2018. 12. 31	会计:成园 2018. 12. 31

75

企业所得税计算表

年　月　日至　月　日　　　　单位:元

项目	行数	本月数
一、营业收入	1	
减:营业成本	2	
税金及附加	3	
销售费用	4	
管理费用	10	
财务费用	11	
资产减值损失	13	
加:公允价值变动损益(损失以"-"号填列)	14	
投资收益(损失以"-"号填列)	15	
二、营业利润(亏损以"-"号列示)	16	
加:营业外收入	19	
减:营业外支出	23	
三、利润总额(亏损以"-"号列示)	25	
加(减):纳税调整净额	27	
四、应纳税所得额	28	
适用税率	30	
五、应税所得税额	31	

会计主管:　　　　制表人:

76

利润分配计算表

2018 年度

利润分配项目	分配基数	分配比例	分配数
法定盈余公积金		10%	
法定公益金		5%	
合计			

材料主管：　　　　制表人：